꿈꾸는 우주

OTONA MO KODOMO MO MUCHU NI NARU HAJIMETE NO UCHU NO HANASHI
Copyright © 2014 Katsuhiko Sato
Original Japanese edition published by Kanki Publishing Inc
Korean translation rights arranged with Kanki Publishing Inc
through The English Agency (Japan) Ltd. and Danny Hong Agency.

이 책의 한국어판 저작권은 대니홍 에이전시를 통한 저작권사와의 독점 계약으로 멀리깊이에 있습니다. 저작권법에 의해 한국 내에서 보호를 받는 저작물이므로 무단전재와 복제를 금합니다.

질문의 크기가 꿈의 크기를 결정합니다

꿈꾸는 우주

우주는 무엇으로 가득 차 있을까?

사토 가쓰히코 지음・최지영 옮김・지웅배 감수

멀리깊이

감수자 추천사

안다는 것의 진정한 의미는 무엇일까요?

어린 시절, 저는 이과로 진로를 선택했어요. 교과서에서 마주하는 새로운 현대 과학의 지식은 나를 기분 좋게 만들었어요. 이 재미있는 내용을 배우지 않는 문과 친구들을 보면서 묘한 우월감에 빠지기도 했답니다. 과학을 공부하지 않은 다른 친구들에 비해 내가 아주 많은 것들을 알고 있다고 생각하며 뿌듯해했지요.

하지만 세월이 흘러 별과 은하를 연구하고 논문을 쓰는 삶을 살게 되면서 아주 중요한 사실을 깨달았습니다. 우리는 흔히 과학이 발전하면 우주에 대한 인류의 지식도 늘어난다고 생각해요. 하지만 오히려 그 반대입니다. 과거에 비해 우리가 알게 된 것은, 우리가 우주에 대해 무엇을 모르고 있는지 또한 얼마나 모르고 있는지일 뿐이지요. 그리고 이 '모른다는 것에 대한 깨달음'이야말로 너무나 중요한 발전입니다.

과거 우주의 탄생부터 종말에 이르기까지 아무것도 알지 못했던 시절, 인류는 그저 어렴풋하게만 알던 단편적인 지식들로 우주를 이해했습니다. 투박한 그림으로 완성한 우주는 꽤 그럴듯해 보였고, 우리가 아주 많은 것들을 발견했다고 착각하게 했지요. 하지만 점차 머나먼 우주 끝자락을 관측하고, 다양한 모습의 새로운 우주를 발견하게 되면서 그간 우리가 알고 있던 것이 우주 전체의 지극히 일부일 뿐이란 사실을 깨닫게 되었습니다. 이제야 비로소 '우리가 무엇을 모르고 있는지'를 파악하게 된 것입니다.

　밤하늘을 밝게 비추는 은하수 속의 수많은 별, 지구를 비롯한 여러 행성과 어쩌면 어딘가 존재하고 있을지도 모르는 외계 생명체들…. 이 모든 것을 다 합해도 우주 전체의 5퍼센트에 불과합니다. 나머지 95퍼센트는 아직도 그 정체가 무엇인지 알 수 없는, 암흑 물질과 암흑 에너지로 가득 채워져 있지요. 이 수수께끼의 존재들은 강력한 중력으로 우주의 거대 구조를 만들었고, 빅뱅 직후부터 지금까지 시공간을 빠르게 팽창시키는 우주 진화의 가장 중요한 역할을 하고 있습니다. 하지만 우린 이들이 대체 무엇으로 이루어진 것인지, 어떻게 우주에서 탄생한 것인지 아무것도 밝혀내지 못했습니다. 우리는 우주 전체로 보면 5퍼센트, 지극히 일부에 속한 셈이에요.

　그러나 실망할 필요는 없어요. 비록 인류의 과학이 이 수수께끼로 둘러싸인 95퍼센트의 정체를 정확히 설명하진 못하지만, 우리가 이들에 대해 대체 무엇을 모르고 있는 것인지, 왜 모를 수밖에 없는지에 대해 자세한 이야기를 들려줄 수 있기 때문입니다. 무엇을 모르는지를 아는 것과, 무엇을 모르는지조차 모르는 것에는 너무나 큰 차이가 있습니다. 이 책은 단순히 우리의 머릿속 빈 공간에 새로운 지식을 넣어 주는 데 그치지 않습니다. 한번도 생각해 본 적 없는 새로운 호기심을 자극하면서, 우리 머릿속에 온갖 질문들로 가득한 더 거대한 빈 공간을 만들어 줄 것입니다.

2022년 4월 지웅배

한국어판 서문

함께 멋진 우주여행을 떠나 봐요!

한국의 어린이 여러분에게 나의 책 《꿈꾸는 우주》를 소개할 수 있어 매우 기쁩니다. 예전에 서울대학교를 비롯해 한국의 여러 대학에서 강연한 적이 있습니다. 특히 이화여자대학교 강연에서는 젊은 학생들의 호기심에 찬 질문을 많이 받았고 한국이 자랑하는 아름다운 청자 향로도 선물 받았습니다. 한국어판이 출간되어 정말 뜻깊습니다.

나는 도시에서 먼 시골에서 태어났어요. 그곳에서는 달이 뜨지 않는 캄캄한 밤이면 은하수와 수많은 별이 온 하늘에 반짝였어요. "로켓을 타고 저 밤하늘로 쭉쭉 나아가면 어떤 세계가 펼쳐져요?" 하고 아버지에게 물어본 적도 있지요.

최근 50년 동안 천문학은 어마어마한 발전을 이루었어요. 허블 우주망원경과 한국도 설치에 참가한 남미 칠레의 전파망원경 알마(ALMA) 등의 활약으로 100억 광년도 넘는 거리의 별과 은하까지 볼 수 있게 되었답니다.

현재 우주는 빅뱅이라는 대폭발로 138억 년 전에 생겨났다고 여겨지고 있어요. 우주에서 먼 곳을 보는 일은 아주 옛날의 우주를 본다는 말이지요. 빛이나 전파는 굉장히 빠르게 전해지지만 우리 지구까지 오려면 오랜 시간이 걸려요. 100억 광년 떨어진 새로운 별을 발견했다면 그 별은 우주의 새벽 무렵, 100억 년 전에 빛났던 별이랍니다.

나는 젊었을 때 왜 우주가 빅뱅으로 생겨났는지 설명하는 인플레이션 우주 모델을 발표했어요. 이 모델은 나 혼자가 아니라 여러 명의 연구자가 함께 제창한 이론인데, 수많은 천문학적 관측으로 사실이 입증되어 큰 지지를 얻고 있어요.

이 책은 우리와 가까운 태양과 달, 별자리 이야기부터 시작해 우주의 시초 빅뱅의 이야기까지 최신 관측 결과를 바탕으로 썼답니다. '사토 박사님'과 승무원인 '우주' 어린이, 우주선으로도 변신하는 귀여운 '멀리'와 함께 우주선을 타고 멋진 우주여행을 즐기기 바랍니다.

2022년 4월 사토 가쓰히코

사토 박사님	멀리	우주
우주라면 나에게 맡겨요! 믿음직스럽고 친절한 우주 가이드. "여러분, 함께 떠날 준비가 되었나요?"	우주의 속 깊은 친구. 우주와 함께 드넓은 '우주'를 마음껏 날고 싶어 한답니다. 평소엔 작고 귀여운 동물이지만, 필요한 때엔 언제든 멋진 우주선으로 변할 수 있어요!	우주를 정말 좋아하는 초등학생. 책에 있는 사진 말고, 진짜 우주가 보고 싶어 박사님과 함께 우주여행을 떠나게 되었어요!

들어가며

우주에 있는 많고 많은 별, 우리는 어디까지 가 볼 수 있을까요?

: '멀리'와 함께 우주로 떠나 봐요! :

여러분, 넓고 넓은 우주에 오신 것을 환영합니다. 우리 함께 우주선으로 변신한 '멀리'를 타고 아득히 먼 우주로 떠나 볼까요? 그럼, 발사! 우주선이 점차 속도를 내서 고도 100킬로미터에 도달하게 되면, 이 고도 아래는 지구의 **대기권**이고 여기서부터 위쪽을 '우주 공간'이라고 부릅니다(이 고도 한계를 카르만 라인이라고 해요!). 물론 지구도 우주의 일부이긴 하지만요.

> **대기권**
> 공기로 둘러싸여 있는 공간으로, 생물이 숨 쉬고 살 수 있고 날씨 현상이 생기며 우주에서 들어오는 해로운 물질을 막아 줘요.

지구를 출발해 반나절 정도면 지구에서 가장 가까운 천체인 달을 볼 수 있습니다. 달은 인류가 유일하게 가 본 적이 있는 지구 외의 천체예요. 지구에서 달까지의 거리는 약 38만 킬로미터. 만약 달까지 걸어간다면 쉬지 않고 걸어도 10년 이상 걸리는 거리랍니다.

가까이서 달의 표면을 보면 굉장히 고운 모래인 레골리스로 덮여 있고, 크고 작은 수없이 많은 크레이터가 흩어져 있습니다. 마치 지구의 사막이 떠오르는 풍경이죠. 가까운 미래에 달 표면에 기지를 만들고 인류가 살아갈 날이 올 거라고 생각해요.

다음으로 우리 지구의 생명을 키우는 어머니 별, 태양을 향해 떠나 봅시다. 태양까지의 거리는 약 1억 5,000만 킬로미터로, 달까지 거리의 약 400배나 됩니다. 그러나 태양은 활활 타는 거대한 불덩어리여서 너무 가까이 다가가면 위험해요. 태양은 커다란 에너지를 내뿜어 멀리 떨어진 지구를 데우고 '생명의 별'로 만들어 줘요. 태양 표면에서 일어나는 어마어마한 대폭발 플레어와, 높이 50만 킬로미터까지 솟아오르는 거대한 불꽃인 홍염은 태양 관광의 가장 큰 볼거리입니다. 주위보다 온도가 낮아 어둡게 보이는 흑점도 볼 수 있지요. 지금부터 46억 년 전에 태어난 태양은 앞으로 60억 년은 넉넉히 계속 불타오를 거예요.

: 태양계엔 어떤 행성들이 있을까 :

이어서 태양계 안의 행성들을 둘러보는 '행성 일주 여행'을 떠나 볼까요? 태양과 가장 가깝고 달과 닮은 수성, 두터운 대기가 태양빛

> **원시 생명체**
> 원시의 바다에서 단백질이 생겨나 단순한 생명체로 발달한 원시적인 생명을 가리키는 말이에요.

을 반사하여 금빛으로 빛나는 금성을 보면서 우리 고향 지구에 다가갔다가, 지구 바깥쪽 궤도를 도는 행성으로 향합니다. 지금 보이는 것은 화성이에요. 못생기고 흉악한 화성인은 없지만 붉은 땅 밑에 **원시 생명체**가 지금도 살고 있을지 모른답니다.

엄청나게 큰 가스 행성 목성의 줄무늬 모양과 지구의 2배나 되는 붉은 소용돌이인 대적반, 토성의 예쁜 고리는 보고 또 봐도 질리지 않아요. 청록색 천왕성과 창백한 해왕성은 크기가 비슷한 쌍둥이 같은 얼음 행성이지요.

해왕성까지의 거리는 태양과 지구 사이 거리의 약 30배예요. 여기까지 오면 태양은 다른 별보다는 밝게 보이지만 따뜻한 햇빛을 느낄 수는 없답니다.

해왕성 궤도보다 더 나아가면 수없이 작은 천체가 흩어진 카이퍼 벨트라는 영역이 퍼져 있어요. 우주선으로 변한 '멀리'를 타고 쉬지 않고 항해를 계속해서 지구를 떠난 지 20년이 지나면, 마침내 태양계 가장 바깥에 도달할 수 있어요.

그럼 이제부터 태양계 바깥 세상으로 나아가 봐요!

: 블랙홀에 빠져들지 않도록 조심해! :

태양계 밖으로 나가면 태양처럼 스스로 타는 별, 항성이 드문드문 흩어진 광대한 공간이 펼쳐집니다. 태양과 가장 가까운 항성은 센타우루스자리 프록시마별이에요. 가깝다고 해도 약 39조 킬로미터나 떨어져 있어, 태양과 지구 사이의 대략 26만 배나 돼요. 현재 인류가 만들 수 있는 제일 빠른 우주선으로도 그 별에 도착할 때까지 무려 **수만 년**이나 걸린다니 정말 놀랍지요?

그래서 미래의 슈퍼 기술을 써서 우주선 '멀리'와 빛의 속도만큼 빠르게 이동해 볼까요? 빛은 1초 동안 약 30만 킬로미터(지구 7바퀴 반), 1년에 약 9조 5,000억 킬로미터(1광년)를 나아가요. '광년'이란 빛이 1년 걸려 나아가는 거리를 말하죠. 센타우루스자리 프록시마별까지의 거리는 4.2광년이니까 빛의 속도로 가면 4년 4개월쯤 후에 도착해요.

> **수만 년**
> NASA의 계산에 따르면, 보이저 1호가 태양에서 센타우루스자리 프록시마별까지 현재 비행 속도(초속 17.3km)로 도달하는 데 약 7만 3,000년이 걸린다고 해요.

그럼 빛의 속도로 성간 여행을 떠나 봅시다.

우주에는 여러 빛깔의 별이 있어요. 겨울 밤하늘에 지구에서도 보이는 큰개자리 1등성 시리우스(거리 8.6광년)는 청백색으로 하늘 전체에서 가장 밝게 빛나는 별이에요.

같은 겨울 별자리인 오리온자리 1등성 베텔게우스(거리 640광년)는 검붉게 타오르는 어마어마하게 큰 별이고요.

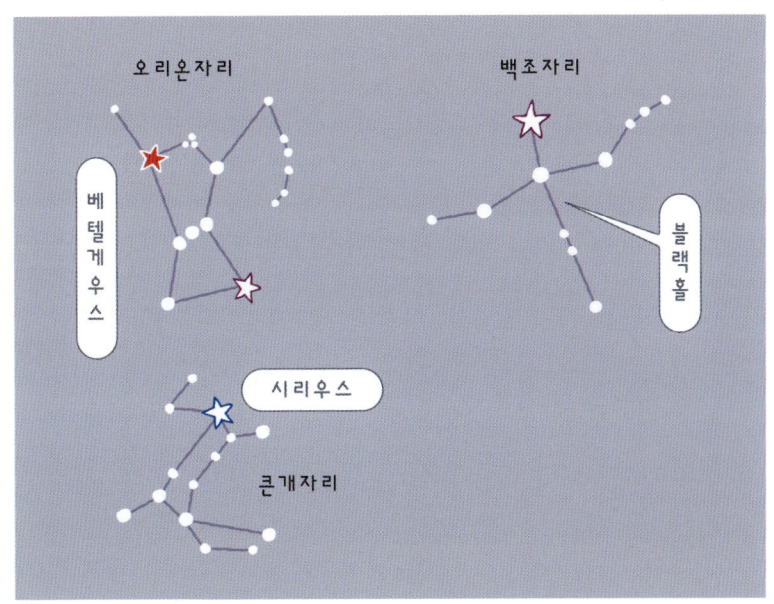

이 별들 말고도 지구에서 맨눈으로 볼 수 있는 밤하늘의 별은 8,600개 정도나 있어요. 모두 지구에서 수백 광년 안에 있는, 드넓은 우주 속에서는 아주 가까운 옆 동네 별들이지요. 우주에는 더욱 먼 곳에 셀 수 없이 수많은 별들이 빛나고 있답니다.

우주에는 항성 외에도 재미있는 천체가 있어요. 대표적인 것은 여름 별자리인 백조자리에 있는 새카만 천체 블랙홀이지요.

블랙홀은 엄청나게 무거운 항성이 죽기 전에 대폭발해서 생기는 천체로, 강한 중력으로 주변 물체들을 와구와구 삼켜 버립니다. 그러니까 너무 가까이 가면 위험해요! 블랙홀은 멀리서 바라보기만 합시다.

: 외계인은 어디에 있어요? :

태양 외의 항성 주위를 도는 행성(외계 행성)은 이미 5,000개 이상 발견되었어요. 지구와 닮은 행성에는 지구처럼 생명체가 존재할 가능성도 있어요. 하지만 그런 행성에 무심코 다가갔다가 우리 몸에 붙은 지구의 세균과 바이러스가 옮으면, 면역력이 없는 그곳의 생명체가 없어질 수도 있다고 해요.

생명을 품은 별 중에는 **진화**를 이룬 지적생명(외계인)에 의해 수준 높은 문명이 발달한 별이 있을지도 몰라요. 우리들은 아직 외계인과 만난 적이 없지만 천문학자 중에는 외계인의 존재를 진짜로 믿는 사람도 있답니다.

> **진화**
> 생물이 오랫동안 여러 세대를 거치면서 변해 가는 현상이에요.

그렇다 해도 성간 여행을 할 수 있게 해 주는 최첨단 슈퍼 기술이 없다면 외계인과 만날 가능성은 아주아주 낮을 거예요. 하지만 언젠가는 우리들과 다른 문명을 가진 착한 외계인과 우주의 미래에 대해 이야기 나누고 싶어요.

: 1,000억 개의 은하가 흩어진 대우주 :

우리은하는 태양을 포함해 약 2,000억 개나 되는 항성이 모여 있는 별들의 집단이에요. 흡사 빛의 소용돌이와 같은 우리은하의 지름은 약 10만 광년으로 중심부가 부푼 원반 같은 모양이지요.

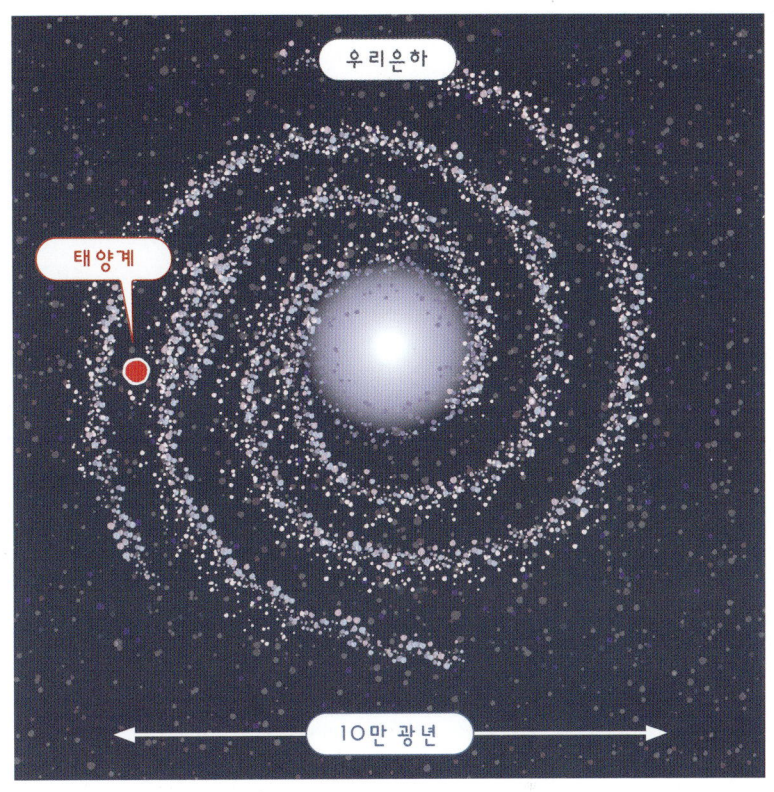

　소용돌이 모양을 이루는 무수한 빛 하나하나가 태양과 같은 항성입니다. 태양은 우리은하 중심에서 2만 6,100광년 떨어진 '오리온자리 팔'이라는 부분에 있는데 무엇이 태양인지 구분할 수는 없어요.
　우리은하 옆에는 조금 작은 별 집단이 2개 있어요. 대마젤란운과 소마젤란운으로 우리은하의 친구 같은 은하이지요. 좀 더 앞쪽에는 우리은하보다 2배나 넘게 큰 아름다운 소용돌이 모양의 은하가 있어요. 바로 유명한 안드로메다 은하예요.

    광대한 우주에는 큰 별 집단인 은하가 적어도 1,000억 개도 넘게 있다고 알려져 있습니다. 각각의 은하는 다시 1,000억 개 이상의 항성이 모여 이루어져 있고요. 우주 전체에 얼마나 많은 별이 있는 걸까 상상만 해도 머리가 어질어질하지 않나요?

: 우주의 수수께끼를 풀어라 :

이제 지구에서 달보다 먼 심우주를 향해 나아가 볼까요?
    이 광활한 우주의 '끝'은 도대체 어떤 모습일까요?
    우주는 어떻게 생겨나서 어떤 역사를 거쳐 왔을까요?
    우리가 사는 우주 외에 다른 우주는 과연 존재할까요?
    '너무나 궁금한 우주의 수수께끼'에 대해서 우리 인류는 계속해서 답을 찾고 있습니다. 답을 알아가는 즐거움을 위해 지금은 더 이상 이야기하지 않을게요.

    물론 우주에는 우리가 모르는 것이 아직 많이 있습니다. 우주에 대해서 더 깊이 알고 싶다고 생각하는 사람에게만, 우주는 누구에게도 알려지지 않은 '새로운 수수께끼'와 '진짜 맨 얼굴'을 보여 줍니다. 그 심오함이야말로 우주를 탐구하는 가장 큰 매력이 아닐까요?

    그럼 머나먼 우주로 여행을 떠나 봅시다. 여러분, 준비됐나요? 그럼, 발사!

차례

감수자 추천사 안다는 것의 진정한 의미는 무엇일까요? * 004
한국어판 서문 함께 멋진 우주여행을 떠나 봐요! * 006
들어가며 우주에 있는 많고 많은 별, 우리는 어디까지 가 볼 수 있을까요? * 008

제1장

우주를
바라보자

하늘 저 멀리 있는 우주는
도대체 어떤 곳일까?

| 한낮의 하늘과 일식 |
밤에만 뜨는 달이 어떻게 한낮의 태양을 가려요? * 024

| 밤하늘과 월식 |
달의 모양은 왜 매일 바뀌어요? * 031

| 행성 |
왜 어떤 별은 자꾸 이곳저곳을 떠돌까요? * 038

| 항성과 별자리 |
별에도 자기 자리가 있나요? * 043

| 1년 동안 별의 움직임 |
정말 별자리에 따라 운명이 달라질까요? * 050

| 봄 별자리 |
북극성은 어떻게 찾아요? * 055

| 여름 별자리 |
블랙홀은 어디에 있나요? * 060

| 가을 별자리 |
북극성은 언제까지나 그 자리에 있겠지요? * 065

| 겨울 별자리 |
영화에서처럼 별이 폭발하면 지구도 사라지나요? * 069

| 밤하늘을 채우는 많은 물질들 |
혜성에는 왜 꼬리가 달려 있어요? * 074

제 2장

태양과 달과 행성의 불가사의

태양과 달, 태양 주위를 도는 행성이란 무엇일까?

| 지구 기후에 큰 영향을 미치는 태양 |
태양이 차가워질 수도 있나요? * 084

| 달의 탄생과 내일 |
달에서 살 수 있는 날이 올까요? * 089

| 내행성 수성과 금성의 맨얼굴 |
금성이 지옥처럼 생겼다고요? * 093

| 운하가 있다고 여겨졌던 붉은 행성 |
화성에는 정말 생명이 살고 있을까요? * 097

| 태양계 화석이라 불리는 소천체 |
우주를 떠도는 소행성들엔 무엇이 있어요? * 103

| 거대한 가스 행성과 얼음 행성들 |
토성에는 왜 고리가 있나요? * 108

| 태양계를 둘러싼 무수히 작은 천체들 |
태양계 끝에는 무엇이 있을까요? * 115

| 태양계 탄생의 드라마 |
태양, 지구, 행성은 어떻게 태어났나요? * 121

| 태양과 지구의 미래 모습 |
태양도 언젠가 죽고 말까요? * 127

제3장

항성과 은하
우주의 불가사의

**저 멀리 먼 우주에는
도대체 무엇이 있을까?**

| 별의 거리 재기 |
별까지의 거리는 어떻게 재나요? * 134

| 별의 스펙트럼형 |
색에 따라 별의 성격이 다르다고요? * 139

| 별의 질량과 수명의 관계 |
우리가 모두 별 조각에서 태어났다고요? * 142

| 2,000억 개 항성의 대집단 |
저 멀리 거대한 은하의 모습을 어떻게 알 수 있어요? * 148

| 속속 발견되는 제2의 지구 |
우리은하에는 지구와 닮은 행성이 존재하나요? * 153

| 은하가 흩어진 광대한 우주의 모습 |
은하가 다른 은하와 충돌할 수도 있나요? * 158

| 우주의 거대 구조 |
우주는 도대체 얼마나 큰 걸까요? * 163

| 우주 팽창과 고무풍선의 관계 |
우주가 점점 부풀고 있다는데 왜 우리는 느끼지 못해요? * 166

| 아주 작은 불덩어리에서 시작된 우주 |
우주는 어떻게 태어났어요? * 170

| 우주의 대부분은 두 가지 암흑 |
우주는 어떤 물질들로 이루어졌어요? * 175

| 유니버스에서 멀티버스로 |
우주의 바깥에는 무엇이 있어요? * 179

| 21세기 천문학과 우주 개발 |
인류가 언젠가 우주에서 살게 되는 날이 올까요? * 183

제1장

우주를 바라보자

하늘 저 멀리 있는 우주는
도대체 어떤 곳일까?

한낮의 하늘과 일식

밤에만 뜨는 달이 어떻게 한낮의 태양을 가려요?

: 태양빛의 색은 숨어 있어요 :

한낮의 하늘을 올려다볼까요? 맑게 갠 날이라면 눈부신 태양이 빛나고 있을 거예요. 그러나 태양빛은 매우 강해서 태양을 바로 쳐다보면 눈을 다칠 수 있어요. 반드시 일식 안경 등의 전용 도구를 사용해서 봐야 해요.

   태양이 이토록 눈부시게 빛나는 이유는 스스로 타는 별이기 때문이에요. 이러한 별을 항성이라고 해요. 태양이 내는 열과 빛은 1억 5,000만 킬로미터(시속 250킬로미터의 고속철도로 가면 약 70년이나 걸린답니다!)나 떨어진 지구를 따뜻하게 데워서 인간과 다른 동식물들이 살 수 있는 세상으로 만들어 줍니다. 만약 태양이 없었다면

─── 프리즘으로 나눈 태양빛 ───

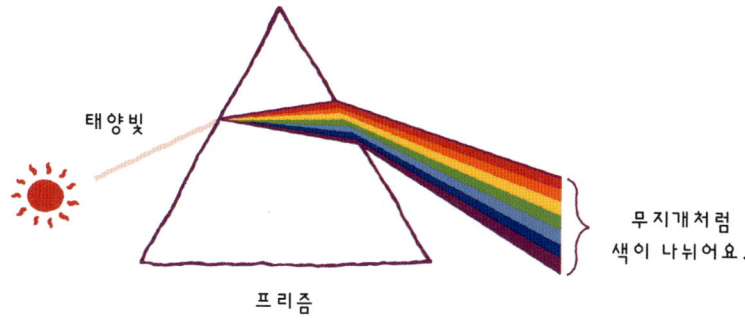

지구는 영하 200도 아래로 떨어진 얼음 세계가 되어 생명이 탄생하는 일은 없었을 거예요.

태양빛은 색이 없고 투명하게 보여서 백색광이라 불립니다. 그런데 진짜로 색이 없는 것은 아니에요. 프리즘이라는 삼각형 유리기둥에 태양빛을 통과시켜 보면 그 이유를 알 수 있지요. 그러면 빛이 빨강, 노랑, 초록, 파랑, 보라 등 무지개의 일곱 색처럼 나누어지거든요. 태양빛에는 이처럼 여러 색깔 빛이 포함되어 있는데 그것들이 한데 섞이면 사람 눈에는 색이 없는 것처럼 보인답니다.

비 갠 후 하늘에 보이는 무지개는 공기 중의 빗방울이 프리즘 대신 태양빛을 나누어서 생겨요. 나누어진 7개의 빛은 원래 동그란 원형이지만 일부가 땅 밑에 숨어 있기 때문에 반원형으로 보이는 것이지요.

: 태양과 지구 중 움직이는 것은 지구! :

태양은 아침에 동쪽에서 떠올라 남쪽 하늘을 통과해 저녁에는 서쪽으로 집니다. 이를 있는 그대로 생각해 보면 태양이 우리가 사는 지구 주위를 움직이는 것 같아요. 그러나 움직이는 것은 태양이 아니라 지구랍니다.

놀이공원에 있는 회전목마에 타면 주변 경치는 내가 움직이는 방향과 반대로 움직이는 것처럼 보입니다. 태양이 동쪽에서 서쪽으로 움직이는 것처럼 보이는 이유도 같은 원리예요. 바로 지구가 서쪽에서 동쪽으로 회전하기 때문이지요. 지구는 우주 안에서, 북극과 남극을 잇는 자전축을 중심으로 팽이처럼 하루에 한 바퀴씩 빙그르르 돌고 있어요. 이를 지구의 자전이라 합니다.

지구는 자전할 뿐 아니라 태양의 주위를 1년에 걸쳐서 빙 하고 돕니다. 이 회전을 공전이라고 해요. 옛날 사람들은 태양이 지구 주위를 돈다고 생각했지만 사실은 반대로 지구가 태양 주위를 돌고 있지요.

"지구의 공전을 일상생활에서 알 수 있는 방법은 없나요?" 하고 묻는 사람도 있어요. 그러나 유감스럽게도 쉽게 확인할 방법이 없답니다. 지구가 태양 주위를 돈다는 증거인 연주 시차에 대해서는 136쪽에서 다시 설명하겠습니다.

지구의 자전과 공전

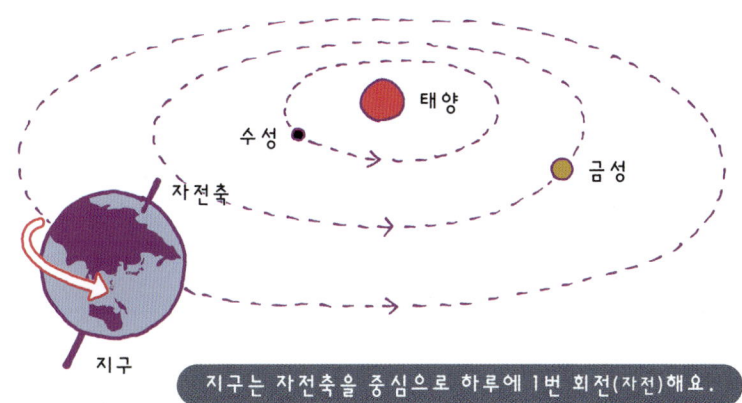

: 달이 태양을 가리는 것이 일식 :

맑은 날에 밖에서 축구공을 들고 서면 공의 둥근 그림자가 땅에 비칩니다. 축구공 그림자의 크기는 20센티미터 정도이지만 지름이 100킬로미터나 되는 거대한 둥근 그림자가 지구에 비치는 일이 있어요. 바로 달 그림자로, 그림자 속에 있는 사람한테는 태양이 보이지 않게 되지요. 마치 달이 태양을 좀먹은 것처럼 보이는 이 현상을 일식(日蝕 또는 日食)이라고 해요.

    달은 지구 주위를 돌고 있는 위성이에요. 달의 지름은 태양의 약 400분의 1밖에 되지 않지요. 그러나 태양은 달에서 약 400배 멀리 떨어진 곳에 있어서 **겉보기 크기**는 거의 같답니다. 그 때문에 태양과 달과 지구가 일직선에 위치하면 태양이 달에 가려져 지구에서 보이지 않는 일식 현상이 일어납니다.

> **겉보기 크기**
> 지구에서 관측자가 본 천체의 지름을 각도로 나타낸 것으로 시지름이라고도 불러요.

'달은 밤에만 떠 있는데 어떻게 태양을 가린다는 거지?'라고 이상하게 생각하는 사람도 있을 거예요. 사실 달은 대낮의 파란 하늘에도 보일 때가 있어요. 그러나 태양빛이 매우 강해 하얗고 희미하게 보여서 달이 떠 있는지 눈치채기 어렵지요. 보통 달과 태양의 위치는 서로 떨어져 있으나 아주 드물게 딱 겹쳐 보이는 때가 있는데 이때 바로 일식이 일어납니다.

일식이 일어나면 태양은 조금씩 달에 가려져 마치 둥그런 빵을 끝에서부터 조금씩 베어 먹는 것 같은 모양으로 작아집니다. 달이 태양을 완전히 가린 상태를 개기 일식이라고 해요. 이때 하늘은 밤처럼 어두워지고 태양 주위에 있는 코로나라는 초고온 가스가 빛나는 모습이 관측됩니다. 개기 일식의 시작과 끝 순간에 달 가장자리에서 태양빛이 넘칠 듯이 빛나는 다이아몬드 링은 숨이 멎을 만큼 아름다워요.

한편 달의 겉보기 크기가 태양보다 조금 작을 때는 달이 태양 전체를 가리지 않아 태양 바깥쪽이 둥근 반지처럼 빛나는 금환 일식이 일어나요. 지구 주위를 도는 달의 궤도는 정확한 원이 아니라 약간 찌그러진 타원 형태예요. 그래서 지구와 달 사이 거리는 항상 같지 않고 조금씩 가까워졌다 멀어졌다 하지요. 달이 지구에서 멀

개기 일식·금환 일식·부분 일식

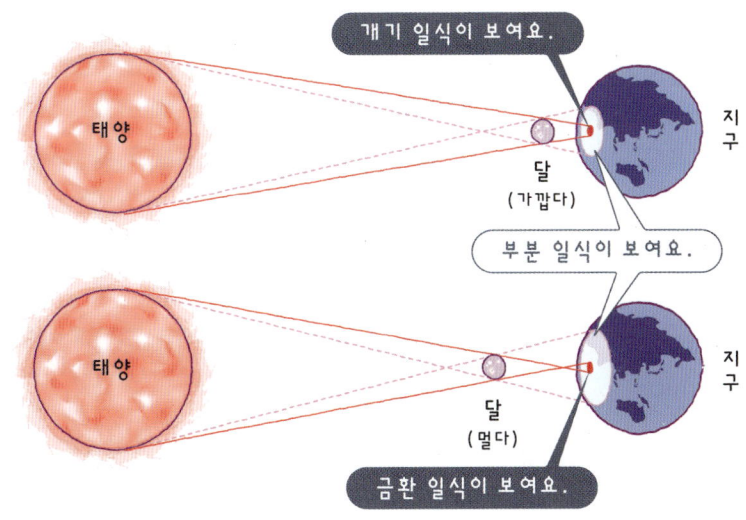

• 그림에 보이는 태양, 지구, 달의 크기와 서로의 거리는 정확하지 않습니다.

리 있을 때에는 그만큼 달이 작게 보이므로 금환 일식이 일어나요. 반지 모양이 되어도 태양은 너무나 밝아서 금환 일식 때의 하늘은 그리 어둡지 않답니다.

또 개기 일식이나 금환 일식까지 되지 않고 달이 태양의 일부분만 가리는 일식을 부분 일식이라고 해요. 개기 일식과 금환 일식은 지구 위의 폭 수십 킬로미터 띠 같은 좁은 영역에서만 보이지만 같은 때에 부분 일식은 상당히 넓은 범위에서 보이지요.

: 일식은 언제 볼 수 있어요? :

옛날 사람들은 일식을 불길한 일이 일어날 징조라며 두려워했어요. 그러나 현재 일식은 천문현상이라는 것을 모두 알고 있고, 일식이 일어날 시기까지 미리 정확히 알 수 있게 되었어요.

일식은 지구상 어딘가에서 1년에 두세 번 정도 일어나는데 개기 일식이나 금환 일식은 1~2년에 한 번 정도로, 좁은 띠 모양 영역에서만 볼 수 있지요. 한반도에서는 2035년 9월 2일에 북한 평양과 남한 강원도 고성 지역에서 개기 일식을 관측할 수 있습니다. 또 2041년 10월 25일에 북한 지역과 독도에서 금환 일식을 볼 수 있고, 2030년 6월 1일에는 부분 일식이 일어날 예정이에요.

밤하늘과 월식

달의 모양은   왜 매일 바뀌어요?

: 지평선에 있는 달이 크게 보이는 이유 :

태양이 서쪽 하늘로 지면 밤이 찾아와요. 이번에는 밤하늘을 관찰해 봅시다. 맑은 밤하늘의 주인공은 뭐니 뭐니 해도 달입니다.

달이 눈에 띄는 이유는 밝고 크며, 모양과 위치가 매일 밤 바뀌기 때문이에요. 달은 태양과 달리 스스로 타지 않고 태양빛을 반사해 빛나요. 하지만 다른 별보다 훨씬 밝은 데다가 다른 별은 점으로 보이는 데 반해 달은 둥그런 쟁반처럼 보일 만큼 크지요.

달이 하늘에 뜬 직후, 특히 보름달이 가까워질 때의 달을 보고 오늘은 유난히 달이 크다고 생각한 적 없나요? 지평선 가까이에 보이는 달은 하늘에 있는 달보다 크게 느껴져요. 그렇지만 사진으로

찍어 보면 실제 크기는 같답니다.

　그림에서처럼 동일한 크기의 달도 멀리 지평선에 놓인 달이 훨씬 크게 보이는데요. 물체의 크기가 같을 때, 우리 뇌는 '멀리 있는 것, 즉 지평선 가까이의 달이 크다'고 착각하기 때문이지요.

　지평선 가까이의 달이 크게 보이는 이유는 그밖에도 여러 설이 있어 정확히는 알 수 없어요. 또 어른보다 어린이에게, 보통 사람보다 예술가에게 달이 크게 보인다는 실험 결과도 있답니다.

: 달의 모양은 왜 바뀌지? :

달이 동쪽 하늘에 뜨는 월출은 매일 약 50분씩 늦어져요. 그리고 달의 모습도 매일 변하지요. 초승달, 반달, 보름달 등은 여러분도 잘 아는 달이 차고 이지러지는 현상입니다. 이 현상은 달이 지구 주위를 돌며 태양빛을 반사해 빛나기 때문에 일어나요.

　밤에 불을 끈 캄캄한 방에 동그란 귤을 들고 들어가 귤의 옆면

달의 모양 변화

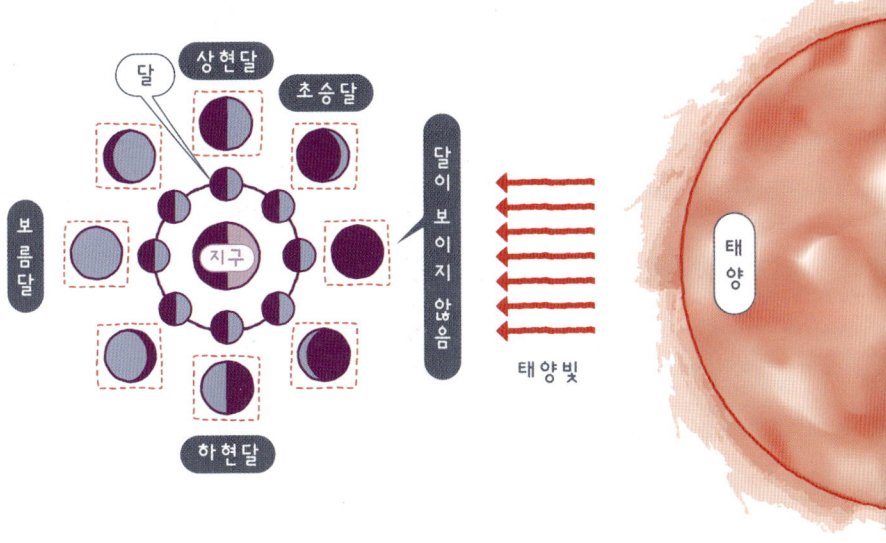

　에 손전등 빛을 비춰 봅시다. 그러면 귤의 반은 빛을 받아 밝게 보이지만, 나머지 반은 빛을 받지 못해 어두운 채로 있지요. 귤을 여러 방향에서 보면 밝은 부분이 보일 때도 있고 어두운 부분이 보일 때도 있어요.

　손전등 빛을 태양빛, 귤을 달이라고 하면 달이 차고 이지러지는 현상을 이해할 수 있어요. 밝은 부분이 조금만 보일 때가 초승달, 밝은 부분과 어두운 부분이 반반이면 반달, 밝은 부분만 보이는 달이 보름달입니다. 귤을 보는 각도를 바꾸는 이유는 달이 지구 주위를 돌기 때문이지요.

　앞서 이야기했던 일식의 경우 태양과 지구 사이에 달이 들어가서 태양에 보이지 않는 부분이 생겼어요. 그러나 달이 차고 이지러질 때 보이지 않는 부분은 어떤 천체에 가려진 것이 아니라 '태양빛이 닿지 않는 부분'이므로 잘 구별해야 해요.

: 달에는 정말 토끼가 살고 있을까요? :

하얗게 빛나는 보름달을 잘 보면 표면에 거무스름한 부분과 하얀 부분이 있어요. 한국이나 일본에서는 이 무늬를 '떡방아 찧는 토끼'라고 생각했지요. 그러나 유럽에서는 '큰 집게가 있는 게'라거나 '책 읽는 할머니', 중동에서는 '으르렁대는 사자', 아메리카에서는 '악어' 등으로 다르게 생각했답니다.

달에 정말로 토끼나 게가 있다면 재미있겠지요? 하지만 아쉽게

―― 달의 자전과 공전 ――

| 자전하지 않고 공전할 때 | 자전과 공전 주기가 같을 때 |

도 달에는 이런 멋진 동물들이 없어요. 달의 검은 부분은 '바다'라고 부르는데 이 부분도 진짜 바다가 아닌 현무암이라는 검은 암석으로 이루어져 있어요. '고지'라고 부르는 하얀 부분은 사장암이라는 하얀 암석으로 되어 있지요. 그런데 지구에서 보면 달은 항상 같은 면이 지구를 향하고 있어요. 지구를 향한 쪽을 달의 앞면, 지구에서 보이지 않는 쪽을 달의 뒷면이라고 해요.

지구에서 항상 달의 같은 면만 보이는 이유는 달이 지구 주위를 한 바퀴 도는(공전) 동시에 달 자신도 역시 빙그르르 한 바퀴 돌기(자전) 때문이에요. 즉, 달은 자전과 공전 주기가 같아요.

만약 달이 스스로 돌지 않는다면 34쪽 왼쪽 그림처럼 달의 모든 면을 지구에서 볼 수 있겠지요? 그러나 달의 자전과 공전 주기가 같다면 오른쪽 그림처럼 지구에서는 항상 달의 같은 면밖에 보이

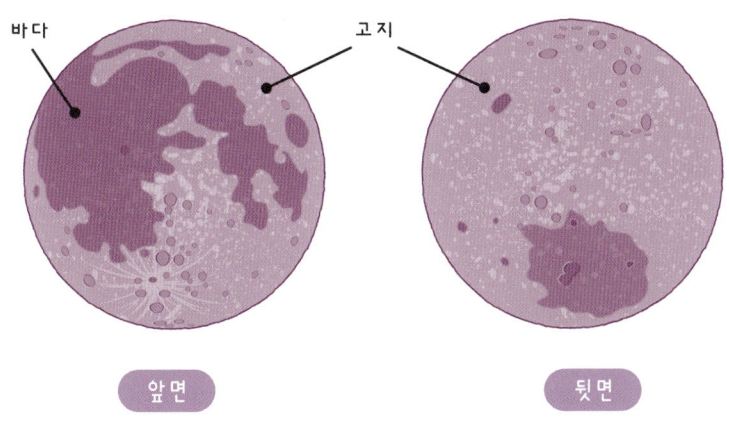

달의 앞면과 뒷면

바다   고지

앞면   뒷면

지 않게 됩니다.

달의 자전과 공전 주기가 같은 이유는 우연이 아니라, 지구의 중력이 긴 세월 동안 달에 영향을 끼쳤기 때문이에요.

지구에서 보이지 않는 달 뒷면의 모습은 옛 소련(현재 러시아)의 탐사선 루나 3호가 처음으로 촬영했어요. 달의 뒷 얼굴은 울퉁불퉁한 크레이터가 많고 바다는 거의 없어서 앞 얼굴과 상당히 다르답니다.

크레이터란 망원경으로 달을 봤을 때 표면에 보이는, 둥글고 움푹 팬 구덩이를 말해요. 크레이터는 46억 년 전에 달이 탄생한 후, 수많은 소천체(운석)가 우주에서 떨어져 달에 충돌해 생겼다고 해요.

: 월식 때 달은 붉게 변해요 :

태양과 지구 사이에 달이 들어와, 태양, 달, 지구 순서로 일직선이 되면 달 그림자가 지구에 비쳐 일식이 일어난다고 이야기했어요. 그러면 태양, 지구, 달의 순서로 일직선을 이루면 어떻게 될까요? 이때는 지구 그림자가 달에 비쳐 달이 한밤 동안에 점점 사라져 가는 월식이 일어납니다.

월식 때 지구에서 보면 달은 보름달의 위치에 있어요. 하지만 보름달일 때 항상 월식이 일어나지는 않아요. 달이 지구를 도는 궤도는 태양 주위를 도는 지구 궤도면보다 약 5도 기울어져 있어요. 그래서 보름달이어도 지구 그림자가 비치는 곳에서 조금 위아래로 빗나가 있는 때가 많지요. 지구 그림자와 달이 정확히 일직선이 되었을 때만 월식이 일어나요. 그래서 1년에 평균 한두 번 월식을 볼 수 있답니다.

월식에는 달이 완전히 지구 그림자에 들어오는 개기 월식과, 달의 일부만 가려지는 부분 월식이 있습니다. 개기 월식에서는 처음에는 보름달이었던 달이 점차 사라져 가요. 이때 달이 사라지는 모습은 평소 달의 모습과 달라서 보통 때는 보기 힘든 모양의 달을 볼 수 있어요.

그러다가 달이 지구 그림자에 쏙 들어오는데 달의 모습이 아주 없어지지는 않고 불그스름하고 둥근 달이 어렴풋이 보입니다. 왜냐하면 빠듯하게 지구 표면 대기권을 통과한 적은 양의 태양빛이 지구 대기에 의해 **굴절**되어 진로가 바뀌어 달에 비쳤기 때문이에요.

이때 태양빛에 포함된 여러 색의 빛(25쪽) 중에서 파란빛은 대기 중에 강하게 **산란**되어 대기를 통과하기 어려워요. 그러나 빨간빛은 반대로 산란되기 어려워 대기를 통과하기 쉽지요. 그 빨간빛이 달에 닿아 달이 붉게 보이는 거랍니다.

> **굴절**
> 빛이 곧게 나아가다가 다른 물질을 만나 꺾이는 현상이에요.

> **산란**
> 빛이 입자 또는 물질에 닿아 진행 방향을 바꾸는 현상이에요.

월식은 달만 보인다면 지구상 어디에서도 관측할 수 있어서 일식보다 볼 기회가 많습니다. 실은 지구상 모든 곳은 아니고 지구상의 반쪽이죠. 일식이 월식보다 자주 일어나지만, 일식은 지구상의 좁은 띠 영역에서만 볼 수 있으므로 월식을 관측하는 것이 훨씬 쉬워요.

행성

왜 어떤 별은
자꾸 이곳저곳을 떠돌까요?

: 행성의 또 다른 이름은 떠돌이별 :

달 다음으로 반짝이는 별을 관찰해 봅시다. 저녁, 아직 하늘이 밝을 때 다른 별보다 유난히 밝은 금빛 별이 보일 때가 있어요. 사실은 별이 아니라 행성, 금성입니다. 거꾸로 밤늦은 시간에 붉게 빛나는 별이 눈에 띌 때도 있지요. 아마 화성일 가능성이 커요.

금성과 화성은 지구처럼 태양 주위를 도는 천체입니다. 이런 별들을 행성이라 해요. 영어로는 '플래닛(planet)'인데 원래 옛 그리스어의 '떠돌이'라는 뜻의 '플라네테스'에서 유래했어요.

밤하늘에 떠 있는 별은 대부분 매일 밤 봐도 서로의 거리와 놓인 위치가 전혀 변하지 않아요. 그런데 금성과 화성은 일주일 전에는 어떤 별 가까이에서 보였는데, 오늘 밤은 다른 별 근처에서 보이지요. 이렇게 빙빙 떠돌고 있으니까 돈다는 뜻이 있는 '행(行)' 자를 써서 '행성(行星)'이라 불리게 된 거예요.

행성이 이렇게 동에 번쩍, 서에 번쩍 하며 매일 다른 곳에서 보이는 이유는 다른 별(항성)보다 훨씬 가까이에 있기 때문이에요. 기차에 타서 창밖을 보면 먼 경치는 한동안 같아 보이지만, 가까운 경치는 눈 깜짝할 새에 뒤로 가 버려요. 이처럼 자전과 공전을 하는 지구에서 보면 지구 근처에 있는 행성은 다른 별보다 빨리 움직이는 것처럼 보이지요.

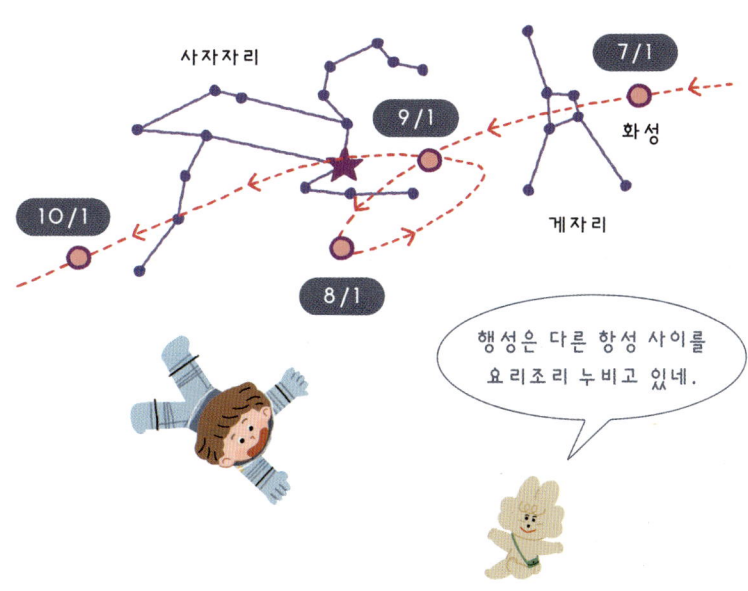

화성의 위치 변화

게다가 지구도 움직이는데 다른 행성까지 태양 주위를 각각 돌고 있으니, 지구에서 보면 다른 별 사이를 왔다 갔다 하는 것처럼 얼마나 복잡하게 보일까요! 그래서 옛사람들은 떠돌이 같은 별이라고 생각했던 거예요.

: 아름다운 행성의 이름들 :

지구에서 맨눈으로 보이는 행성은 수성, 금성, 화성, 목성, 토성 이렇게 5개입니다. 얼핏 보면 다른 별과 똑같이 보이지만, 다른 별보다 밝거나 깜박임이 적어서 구별할 수 있어요.

옛날 중국 사람들은 세상이 '나무(木), 불(火), 흙(土), 쇠(金), 물(水)'의 다섯 물질로 이루어져 있다고 믿었어요. 이것을 오행 사상이라고 해요. 그리고 밤하늘에도 행성이 5개 있으니 이 5개의 물질과 관계 있다고 생각했죠. 그래서 강물처럼 빠르게 움직이는 행성에는 수성(水星), 반대로 거의 움직이지 않고 땅처럼 묵직한 행성에는 토성(土星)이라는 이름을 붙였어요. 반짝반짝 금빛으로 빛나는 행성은 금성(金星), 불처럼 붉게 타오르는 행성은 화성(火星), 마지막 남은 행성은 목성(木星)이라고 했지요.

서양에서는 이들 행성에 로마 신화에서 딴 신들의 이름을 붙였어요. 그래서 수성은 명령을 전하는 신 머큐리, 금성은 아름다움의 여신 비너스, 화성은 전쟁의 신 마르스, 목성은 신들의 왕 주피터, 토성은 농경의 신 새턴이라고 불렀답니다.

이 5개 행성에 태양(日)과 달(月)을 더한 7개의 천체를 '칠요'라고 합니다. '요(曜)'는 '빛나다'라는 뜻이에요. 그리고 이 칠요가 '월화수목금토일' 일주일의 요일 이름에도 쓰이게 되었어요.

: 행성을 망원경으로 관찰하면 무엇이 보일까? :

행성을 맨눈으로 보면 빛나는 점으로 보이지만 천체망원경으로 보면 훨씬 크게 보여요. 게다가 수성과 금성이 달처럼 차고 이지러지는 모습도 망원경으로 볼 수 있지요.

행성은 스스로 타면서 빛나지 않고 달처럼 태양빛을 반사해 밝

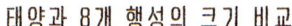

태양과 8개 행성의 크기 비교

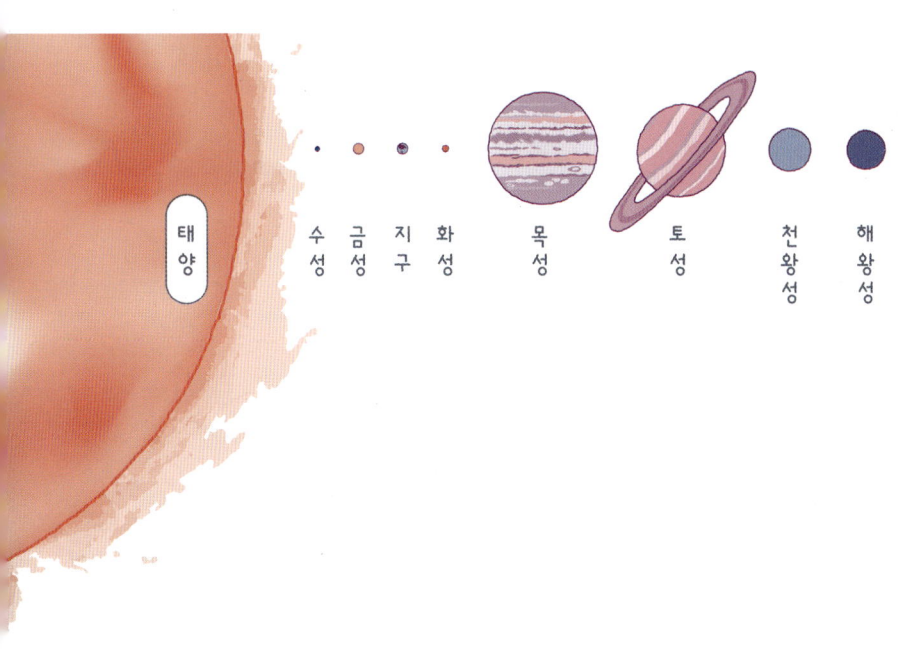

게 보이는 천체예요. 지구의 어디서 보느냐에 따라 밝은 부분이 다 보이기도 하고 반만 보이기도 하니까 차고 이지러지는 모습으로 보이는 거예요.

같은 행성이어도 화성의 모습은 조금밖에 안 변하고 목성과 토성은 거의 변하지 않아요. 수성과 금성은 지구보다 태양 가까이 있는 '내행성'이고, 화성과 목성, 토성은 지구보다 태양에서 멀리 떨어져 있는 '외행성'이기 때문이죠. 내행성과 외행성에 대해서는 다음 장에서 자세히 설명할게요.

망원경으로 보이는 목성 표면의 줄무늬는 목성의 구름이에요. 토성 주변에는 얇은 판 같은 고리가 보이지요. 고리는 실제로는 판이 아니라 무수히 많은 작은 돌들이랍니다.

게다가 망원경을 사용하면 맨눈으로는 보이지 않는 먼 행성도 볼 수 있어요. 바로 천왕성과 해왕성으로, 망원경이 발명되고 나서 발견된 행성들이에요. 태양을 어머니로 치면 지구와 수성, 금성, 화성, 목성, 토성, 천왕성, 해왕성 등 8개의 행성은 태양에서 태어난 형제들이지요.

항성과 별자리

별에도 자기 자리가 있나요?

: 항성까지는 얼마나 멀까? :

밤하늘에는 행성 외에도 수많은 별이 보입니다. 대부분은 태양처럼 스스로 타는 별로, 이러한 별을 항성이라고 해요. 행성은 매일 밤 보이는 위치가 변하는데 항성은 별 사이의 거리나 위치가 바뀌지 않지요. 변하지 않는 별, 항상 똑같이 보이는 별이라는 의미로 항성(恒星)이라고 불러요.

    항성은 태양처럼 스스로 타는 별인데도 태양만큼 밝게 보이지는 않아요. 왜냐하면 항성이 지구에서 굉장히 먼 곳에 있기 때문이지요.

    태양 다음으로 지구에서 가장 가까운 항성은 센타우루스자리 프록시마별인데, 그 별까지의 거리는 약 4.2광년입니다. 지구와 태양 사이 거리의 무려 26만 배나 된답니다. 이렇게 거리가 멀면 태양만큼 밝게 빛나고 있더라도 우리에겐 희미한 점으로밖에 보이지 않겠지요.

또 항성은 반짝반짝 빛나 보이지만 항성 빛이 진짜로 반짝거리지는 않아요. 우주에서 온 항성의 빛이 지구의 대기(공기) 속을 통과할 때, 상공의 **기류**나 지표 근처에서 부는 바람 때문에 대기가 흔들리면 빛이 지나는 길이 흔들려요. 그래서 별이 반짝거리며 깜박이는 것처럼 보인답니다.

> **기류**
> 공기의 흐름을 말하며, 수평 방향뿐 아니라 수직 방향으로 흐르는 공기도 포함한답니다.

태양이 수박 크기라면

태양
대한민국 서울에 있는 지름 28cm 수박

지구
태양과 30m 떨어져 있는 지름 3mm 조약돌

센타우루스자리 프록시마별
8,400km 떨어진 미국 캘리포니아에 있는 지름 35cm 수박

: 별의 밝기는 어떻게 나타낼까? :

별은 밝은 것도 있지만 어두운 것도 있습니다. 항성의 밝기는 '등급'이라는 단위로 나타내요.

> **등급**
> 여기서 말하는 등급은 거리에 상관 없이 우리 눈에 보이는 별의 밝기를 기준으로 나눈 겉보기 등급이에요.

2,200년 전, 고대 그리스의 천문학자 히파르코스(B.C. 190?~B.C. 125?)는 밤하늘에서 가장 밝은 별을 1등성, 맨눈으로 간신히 보이는 어두운 별을 6등성으로 별의 밝기를 6단계로 나누었습니다. 이것이 **등급**의 기원이에요.

현재 등급은 좀 더 정확하게 등급 숫자가 1씩 줄어들 때마다 별의 밝기는 약 2.5배 늘어나 1등급은 6등급보다 100배 밝다고 정해져 있어요. 1등성은 밝기가 1.5등급보다 밝은 항성으로, 현재 21개가 있지요(단, 태양은 1등성에 들어가지 않아요).

또 1등급보다 2.5배 밝으면 0등급, 2.5배 더 밝으면 -1등급(마이너스 1등급), 반대로 6등급보다 2.5배 어두우면 7등급입니다. 예를 들면 태양은 -27(마이너스 27등급)등급, 보름달은 -13(마이너스 13등급)등급이랍니다.

: 별은 하룻밤 동안 어떻게 움직일까? :

밤하늘의 별들을 하룻밤 동안 보고 있으면 늘어선 위치는 변하지 않은 채 동쪽 방향에서 떠서 남쪽 하늘을 통과해 서쪽 방향으로 집

별의 일주운동

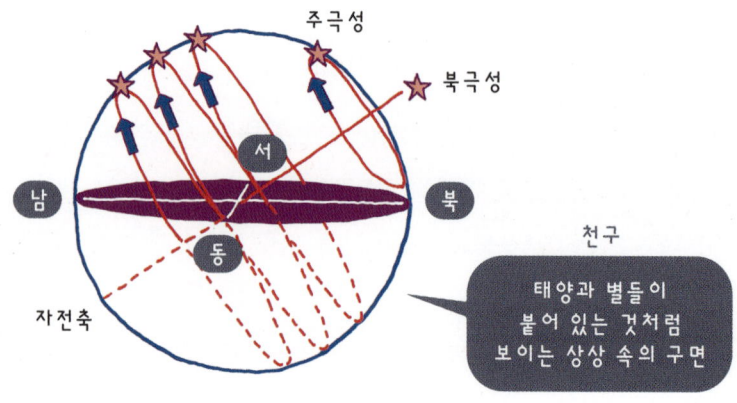

니다. 이것을 별의 일주운동이라고 해요. 별이 일주운동을 하는 이유는 지구가 자전하기 때문으로 태양과 달이 뜨고 지는 것도 다 같은 이유에서랍니다.

그런데 북쪽 하늘에서 별은 조금 다르게 움직여요. 북쪽 하늘에 카메라를 향하고 오랫동안 노출하면, 별이 마치 원을 그리듯이 움직인다는 것을 알 수 있어요. 움직이는 방향은 반시계 방향이고요.

그리고 원 중심에 거의 움직이지 않는 별이 있는데 이 별을 북극성이라고 해요. 북극성은 지구 자전축이 북쪽으로 쭉 뻗은 곳에 있어서 지구에서는 움직이지 않는 것처럼 보인답니다.

별들은 위의 그림처럼 움직입니다. 북극성 가까이의 별은 지평선 아래로 지지 않고 하룻밤 내내 보이지요. 그런 별을 주극성이라고 해요. 한국에서는 서울을 중심으로 북극성에서 각도 약 37도 이

내의 별들이 주극성이 됩니다.

: 별자리는 어떻게 만들어졌을까? :

이번에는 별자리 이야기를 해 볼게요. 옛날 사람들은 밤하늘에 별들이 나란히 있는 모양을 보고 동물이나 전설에 나오는 신의 모습, 여러 가지 도구 모습 등을 상상했어요. 별자리는 시각과 계절을 알게 해 주고, 뱃사람들이 바다 위에서 방향을 찾는 단서로 도움을 주었지요.

별자리는 약 4,000년 전 메소포타미아(현재 이라크) 사람들이 처음 만들었다고 합니다. 그리고 1,900년 전, 알렉산드리아(현재 이집트)의 천문학자 프톨레마이오스(85?~165?)가 현재도 쓰이는 48개의 별자리를 정했어요. 이 별자리는 **북반구**인 유럽에서 보이는 별을 연결한 별자리랍니다.

그 후 지금으로부터 약 500년 전, 유럽 사람들이 배로 세계를 항해했던 **대항해 시대**에 남반구에서 보이는 별들도 별자리가 만들어졌어요. 게다가 망원경이 발견되자 맨눈으로는 보이지 않는 어두운 별들로도 별자리를 만들 수 있게 되었지요.

그런데 많은 사람들이 제멋대로 별자리를 만들다 보니, 하나의 별이 여러 별자리에 쓰이거나 나라마다 별자리가 달라 불편해졌

> **북반구**
> 적도를 경계로 지구를 둘로 나누었을 때의 북쪽 부분. 남쪽 부분은 남반구예요.

> **대항해 시대**
> 15~17세기에 서유럽 나라들이 바닷길을 통해 새로운 땅을 찾아 나서던 시대

습니다. 그래서 1928년에 전 세계 천문학자 모임인 국제천문연맹이 수많은 별자리를 88개로 정리했어요. 이것이 현재 쓰이는 전체 88개의 별자리랍니다. 단, 행성은 항성과 달리 위치가 바뀌기 때문에 별자리에는 들어가지 않아요.

: 별자리를 만드는 별끼리는 얼마나 멀어요? :

각각의 별자리를 만드는 항성의 이름은 별자리 이름에 알파(α), 베타(β), 감마(γ) 등 그리스 문자를 붙여서 표시해요. 그 별자리에서 가장 밝은 별은 알파별, 다음 밝은 별이 베타별 순서로 정해지지요.

또 밝은 항성 중 일부에는 고유한 이름이 붙습니다. 태양을 빼고 지구에서 가장 밝게 보이는 항성은 겨울에 보이는 큰개자리 알파별로 '시리우스'라는 고유명을 갖고 있어요. 시리우스는 '불에 태운 듯한'이라는 뜻의 그리스어로 시리우스가 눈부시게 밝아서 붙여진 이름이지요.

별자리를 만드는 별들은 서로 가까이 있는 것처럼 보이지요? 그러나 지구에서 볼 때 그렇게 보일 뿐으로 실제로는 멀리 떨어진 경우가 많답니다.

예를 들면 겨울의 대표 별자리인 오리온자리 별들은 실제 우주 공간에서는 오른쪽 그림과 같은 위치에 있어 별들 사이는 상당히 떨어져 있어요. 그것을 지구 방향에서 보면 그리스 신화에 나오는 사냥꾼 오리온의 모습처럼 보이는 것이죠.

만약 어딘가 먼 별에 사는 외계인이 그 별에서 우주를 본다면

― 오리온자리 별들 ―

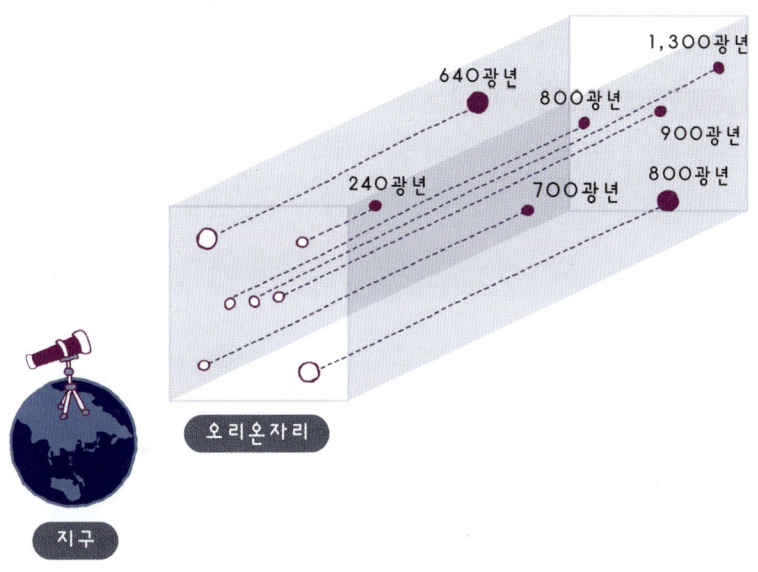

별들이 늘어선 곳은 지구와 완전히 다르게 보일 거예요. 그렇다면 외계인은 우리와 전혀 다른 별자리를 밤하늘에 그리겠지요?

1년 동안 별의 움직임

정말 별자리에 따라 운명이 달라질까요?

: 계절마다 보이는 별이 바뀐다고? :

인터넷이나 잡지에서 '양자리에 태어난 당신의 오늘 운세는?'이라는 별자리 운세(점성술) 코너를 본 적이 있을 거예요. 점성술은 태어났을 때 태양이 어느 별자리 가까이 있는지에 따라 사람의 운세를 점치는 점술로, 별의 연주운동과 깊은 관계가 있어요.

오늘 밤 8시에 밤하늘을 올려다본다고 쳐요. 내일 같은 시각에 밤하늘을 올려다보면 달의 위치가 달라진 것 말고는 어제와 거의 다르지 않은 별들이 보일 테지요.

하지만 한 달 뒤 밤 8시에 밤하늘을 보면 별과 별자리가 보이는 위치는 서쪽으로 약 30도나 움직였을 거예요. 하루나 이틀로는 깨

별의 연주운동

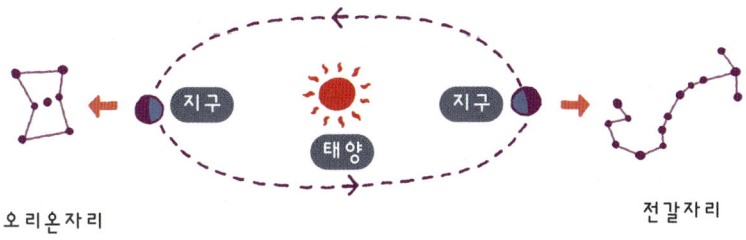

닿지 못하지만 같은 시각에 보는 별과 별자리의 위치는 매일 조금씩(약 1도) 서쪽으로 이동하고 있답니다. 이것을 별의 연주운동이라고 해요.

별의 연주운동이 일어나는 이유는 지구가 태양 둘레를 1년에 걸쳐 공전하기 때문입니다. 위의 그림을 보세요. 지구에서 밤하늘에 보이는 것은 태양 반대쪽 우주 공간에 있는 별과 별자리입니다. 지구가 있는 곳에 따라, 즉 계절에 따라 잘 보이는 별과 별자리, 반대로 잘 보이지 않는 별과 별자리가 있답니다.

: 황도 12궁이 뭐예요? :

점성술에서 별자리가 '양자리'인 사람은 생일이 대략 3월 21일부터 4월 19일까지입니다. 그러나 양자리는 그때 밤하늘에는 보이지 않고 가을에서 겨울에 걸쳐 볼 수 있어요. 점성술의 '○○자리'란 태어났을 때 태양이 ○○별자리 가까이에 있었다는 말이거든요.

그러니까 '양자리' 사람이 태어났을 때 양자리는 낮의 태양 가까이에 있어 그로부터 반년 후나 되어야 밤하늘에 보이게 된답니다.

태양이 낮에 어느 별자리 가까이에 있는지는 별의 연주운동 때문에 계절마다 변해요. 양자리에서 시작해 황소자리, 쌍둥이자리, 게자리, 사자자리, 처녀자리, 천칭자리, 전갈자리, 궁수자리, 염소자리, 물병자리, 물고기자리로 약 한 달마다 움직여 딱 1년이 되면 다시 양자리로 돌아오지요.

이 12개의 별자리를 황도 12궁이라고 해요. '황도'란 태양이 지나가는 길을 말하지요. 이 12별자리가 많은 사람이 알고 있는 점성술 별자리로 사용되고 있답니다.

: 점성술은 언제 생겼을까? :

사람의 운세를 점치는 숙명점성술은 약 2,600년 전, 현재 이라크에 있는 칼데아 왕국(신바빌로니아)에서 시작되었다고 해요. 칼데아에서는 천문학이 발달해 사람들은 천문학 지식을 이용해 운세를 점쳤지요.

그것이 나중에 유럽에 전해져 서양점성술(호로스코프 점성술)로 발전합니다. 어떤 사람이 태어났을 때 태양과 달, 행성이 어떤 별자리 가까이에 있는지 나타낸 그림(호로스코프)을 사용해 그 사람의 운명을 점치는 점술이에요.

우리가 자주 듣는 '○○자리 사람의 오늘의 운세는~'이라는 별자리 운세는 태어났을 때 태양의 위치만으로 점치는 운세라서 서

황도 12궁

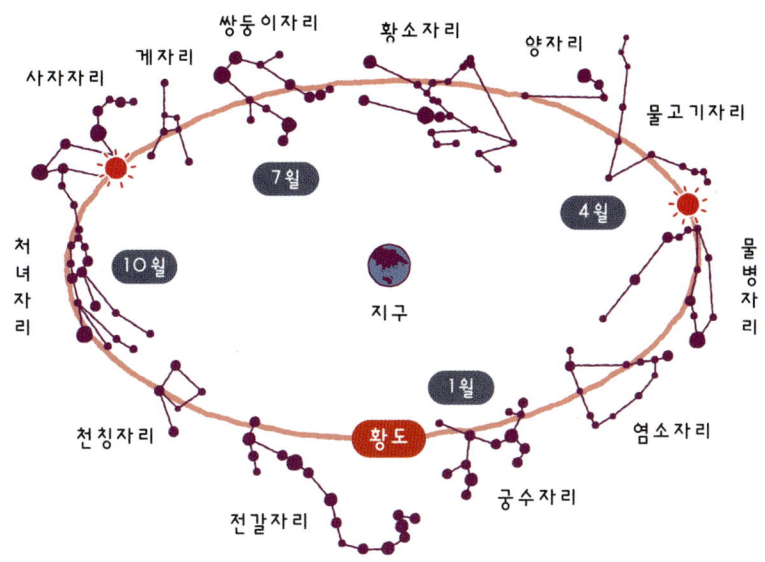

양점성술을 매우 간략하게 줄인 것이랍니다.

이처럼 점성술은 천문학과 깊은 관계가 있습니다. 원래 점성술과 천문학 모두, 영어로 '하늘에 대한 생각'을 의미하는 '아스트롤로지(astrology)'라는 말로 불렀어요. 그러다가 훗날 천체 운동의 규칙성을 찾는 학문을 '하늘(astro)'의 '규칙(nomos)'을 연구한다는 뜻의 '아스트로노미(astronomy)'로 부르게 되었지요. 아스트로노미는 현재 천문학을 가리키는 영어단어가 되었답니다.

그런데 아까 양자리 사람이 태어났을 때 태양은 양자리 근처에 있다고 말했지요? 옛날 칼데아에서 숙명점성술이 생겼을 무렵엔

그랬지만 지금 태양(정확히는 춘분점)의 위치는 물고기자리 근처로 이동했어요. 나중에 이야기할 '지구 세차운동'의 영향으로 태양의 위치가 약 2,000년마다 별자리 1개에 해당하는 만큼 어긋나기 때문이랍니다.

봄 별자리

북극성은
어떻게 찾아요?

: **국자 모양의 7개 별** :

앞에서 이야기한 것처럼 별의 연주운동 때문에 계절에 따라 보이는 별자리가 달라집니다. 먼저 봄의 대표 별자리를 알아볼까요?

봄날 밤, 북쪽 하늘을 보면 밝은 7개의 별이 물을 푸는 '국자' 모양으로 나란히 있는 북두칠성을 발견할 수 있어요. 북두칠성은 큰곰자리라는 커다란 별자리의 꼬리 부분에 해당해요. 북두칠성 국자의 물이 담기는 곳 앞쪽의 2개의 별을 이은 다음에 그 길이의 5배로 선을 그어 보세요. 그러면 거기에 밝은 별이 하나 보일 텐데 이 별이 바로 북극성이랍니다.

전에 말했던 대로 북극성은 거의 움직이지 않고 **진북**을 나타내

봄의 대표 별자리

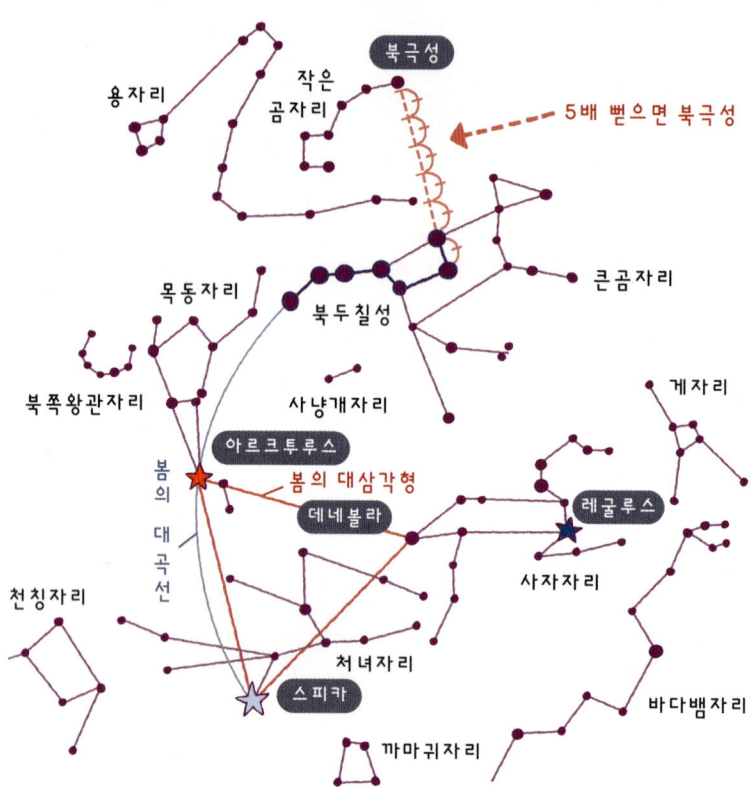

> **진북(眞北)**
> 언제나 변하지 않는 북쪽으로, 지구 표면에서 모든 경도선이 모이는 지리적인 북극이에요.

는 별로, 방향을 알 수 있는 실마리로 이용되었어요. 이 북극성을 찾기 위해 북두칠성이 사용되었고요.

북극성은 작은곰자리 꼬리 끝에 있는 별이에요. 그리스 신화에는 작은곰자리와 큰곰자리에 대해 다음과 같은 이야기가 실려 있어요.

칼리스토라는 숲의 님프가 제우스 신과의 사이에 자식을 얻었어요. 그러자 제우스의 부인 헤라(다른 설에 의하면 칼리스토가 섬기던 여신 아르테미스)가 화가 나서 칼리스토를 곰으로 만들어 버렸지 뭐예요.

칼리스토가 낳은 아들 아르카스는 드디어 청년으로 성장해 어느 날 숲에서 곰으로 변한 칼리스토와 마주칩니다. 그러나 곰이 자신의 어머니라는 걸 모르는 아르카스는 활시위를 당기고 말아요. 그 모습을 멀리서 보고 있던 제우스는 가여운 나머지 아르카스도 작은 곰으로 변하게 해 둘을 하늘로 올려 보냈어요. 이렇게 그 둘은 큰곰자리와 작은곰자리가 되었지요.

칼리스토는 아들 아르카스와 떨어지고 싶지 않았기 때문에 큰곰자리는 항상 북극성을 품은 작은곰자리 주위를 빙글빙글 돌고 있답니다.

: 두 개가 하나의 별인 1등성이 있다? :

이번에는 남쪽 하늘을 바라봅시다. 북두칠성의 손잡이 부분에 해당하는 4개의 별에서 곡선을 연결하면 오렌지색의 밝은 별이 보여요. 목동자리 1등성 아르크투루스예요. 곡선을 더 이어 가면 청백색으로 빛나는 처녀자리 1등성 스피카에 다다릅니다.

스피카는 실은 1개의 별이 아니라 태양보다 훨씬 밝은 항성 2개가 나란히 있어 서로의 주위를 빠른 속도로 돌고 있어요. 이러한 별을 쌍성이라고 합니다.

북두칠성부터 아르크투루스, 그리고 스피카를 잇는 커다란 곡선을 봄의 대곡선이라고 합니다. 또, 아르크투루스와 스피카, 그리고 사자자리 2등성 데네볼라를 연결해서 생기는 커다란 삼각형을 봄의 대삼각형이라고 해요. 사자자리에는 1등성 레굴루스도 보이지요.

목동자리와 처녀자리, 사자자리 같은 별자리 이름과 스피카 등 항성의 고유명도 그리스 신화에서 붙여졌답니다. 모든 내용을 여기에 소개하지는 못하니 관심 있는 사람은 꼭 인터넷과 책으로 찾아보세요.

: 별자리 모양이 바뀌기도 하나요? :

행성이 왔다 갔다 하며 움직이는 데 비해 항성은 위치를 바꾸지 않는다고 이야기했지요? 그렇지만 항성은 결코 가만히 있지 않아요.

― 북두칠성 모양의 변화 ―

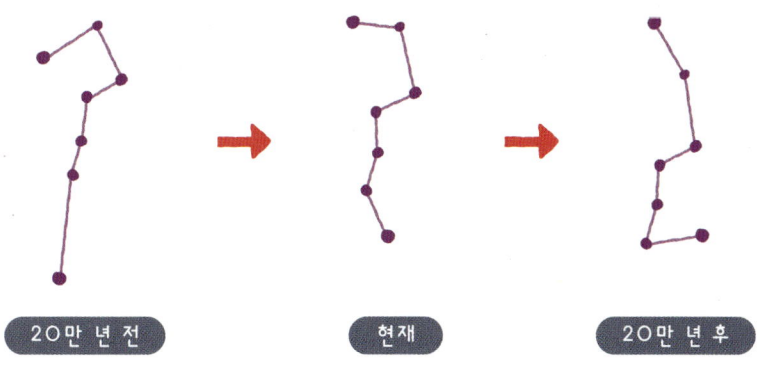

20만 년 전 → 현재 → 20만 년 후

　알아채기 힘들어서 그렇지 항성은 시시각각 움직이고 있답니다.
　항성의 움직임을 알아채기 힘든 이유는 지구에서 너무나도 멀리 떨어져 있기 때문이에요. 하지만 몇천 년 혹은 몇만 년이라는 기나긴 세월이 흐르면 지구에서 봐도 알 수 있을 만큼 이동해 있을 거예요. 그 결과 지구에서 본 별자리 모양이 바뀌어 버리는 것이지요.
　예를 들면, 북두칠성은 20만 년 전 과거의 모습과 20만 년 후 미래의 모습이 위의 그림처럼 많이 달라요. 7개의 별이 지구에서 볼 때 다른 방향으로 조금씩 움직이고 있어 20만 년 후에는 북두칠성의 국자 모양이 완전히 뒤집어져 버린답니다. 먼 옛날 사람과 먼 미래 사람들은 우리와 다른 북두칠성과 별자리 모양을 보는 것이지요.

여름 별자리

블랙홀은
어디에 있나요?

: 견우와 직녀가 은하수를 건너는 날 :

이어서 여름 별자리를 볼까요? 장마 끝 무렵 밤 9시에 동쪽 하늘을 올려다보면 3개의 밝은 1등성이 커다란 삼각형을 그려요. 바로 거문고자리 베가, 독수리자리 알타이르, 그리고 백조자리 데네브입니다. 이 3개의 별이 그리는 삼각형을 여름의 대삼각형이라고 해요. 밤하늘이 밝은 대도시에서도 여름의 대삼각형은 잘 보인답니다.

베가와 알타이르는 동양에서는 직녀성과 견우성으로 유명합니다. 직녀와 견우 부부가 1년에 한 번, 칠석날 밤에만 은하수를 건너 만난다는 칠석 전설은 모두 알고 있을 거예요.

그런데 칠석인 7월 7일 무렵은 장마가 한창으로 별이 잘 보이지

않아요. 실은 칠석은 음력이라는 옛 달력으로 치러지는 행사예요. 음력 7월 7일은 현재 달력으로는 7월 말에서 8월 즈음이지요. 이 무렵이면 장마도 끝났을 테니 옛사람들은 칠석날 밤에 두 별을 볼 수 있었답니다.

한국과 중국 등에서는 칠석이 음력 7월 7일이지만, 일본은 현재 양력 7월 7일로 지내고 있어요. 음력인 칠석 날짜는 매년 바뀌어 2022년에는 8월 4일, 2023년에는 8월 22일이랍니다.

: 은하수란 뭘까요? :

견우와 직녀가 양쪽 연안에 헤어져 살고 있다는 은하수는 도시에서는 밤하늘이 밝아서 보기 어렵습니다. 그러나 산속처럼 별이 많이 보이는 곳에 가면 2개의 별 사이에 강 같은 하얀 띠가 보여요. 서양 사람들은 은하수를 그리스 신화에 나오는 헤라 여신의 모유 같다고 생각해서 '밀키 웨이(Milky Way)'라고 부른답니다.

은하수의 정체는 바로 수없이 많은 별들의 집단입니다. 망원경으로 은하수를 보면 알 수 있지요. 은하수는 우리 지구나 태양이 '우리은하(혹은 은하수 은하)'라는 항성 대집단의 일원임을 나타내는 증거이기도 합니다. 자세한 이야기는 다음 장에서 할게요.

: 빛마저 삼켜 버리는 블랙홀 :

남서쪽의 낮은 하늘을 보면 여름밤을 대표하는 별자리 중 하나인 전갈자리가 보입니다. 전갈의 심장 부분에 있는 별이 붉은 1등성 안타레스예요. 안타레스는 매우 늙은 별로 지름이 태양의 300배나 돼요. 인간과 동식물이 아기로 태어나 성장하여 나이를 먹고 마지막에 죽음에 이르는 것처럼 별에게도 '탄생'과 '성장', 그리고 '늙음'과 '죽음'이 있답니다.

실제로 '죽은 별'이 백조자리의 머리 부분에 있는데 바로 블랙홀이라는 천체입니다. 단, 이 죽은 별의 모습은 볼 수 없어요. 어두워서, 혹은 빛을 내뿜고 있지 않아서 안 보이는 걸까요? 그렇지 않습니다.

블랙홀은 중력이 매우 강해요. 중력이란 지구상에서 우리를 땅 쪽으로 끌어당기는 힘을 말하지요. 지구는 둥근데도 지구 표면에 있는 사람이 떨어지지 않는 이유는 지구 중력이 지상의 물체들을 지구 중심 쪽으로 끌어당기기 때문이에요.

블랙홀은 지구와는 비교할 수도 없이 중력이 강해 주변 사물들을 자신 쪽으로 끌어당겨 삼켜 버립니다. 빛조차 블랙홀에 빨려 들어가요. 블랙홀에 삼켜지면 아무것도 되돌아 나올 수 없으므로 그 모습을 볼 수 없답니다. 마치 우주 공간에 '검은 구멍'이 있는 것 같아서 블랙홀이라는 이름이 붙었지요.

블랙홀은 태양보다 훨씬 무거운 별이 일생의 마지막에 폭발(초신성 폭발)해서 생긴다고 해요. 또, 우리은하 중심에는 태양보다

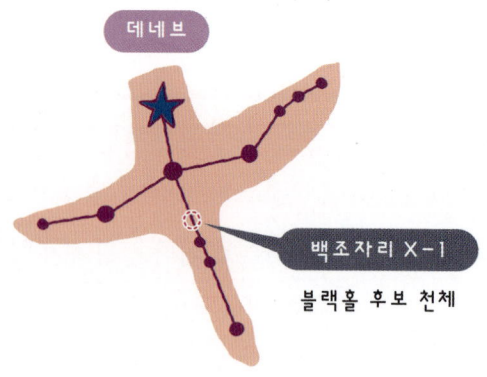

400만 배나 무거운 엄청나게 거대한 블랙홀이 있다고 예상됩니다. 블랙홀과 별의 일생에 대해서는 다음 장에서 다시 이야기할게요.

가을 별자리

북극성은 언제까지나 그 자리에 있겠지요?

: 가을 별자리가 모두 등장하는 영웅 이야기 :

이번에는 가을 밤하늘을 봅시다. 가을 밤하늘은 밝은 별이 별로 없어서 조금 쓸쓸해요. 유일한 1등성인 남쪽물고기자리의 포말하우트가 남쪽 하늘 아래에서 빛나고 있군요.

가을 하늘을 올려다보면 거의 머리 바로 위에서 4개의 별이 커다란 사각형을 그리고 있어요. 이 사각형을 가을의 대사각형(혹은 페가수스 사각형)이라고 해요. 날개 달린 말 페가수스를 그린 페가수스자리의 몸체에 해당하는 부분이지요. 근처에는 5개의 별이 W 모양으로 자리한 카시오페이아자리와 안드로메다자리, 케페우스자리, 페르세우스자리 등이 보입니다.

가을의 대표 별자리

북쪽

• 북극성

페르세우스자리 카시오페이아자리 케페우스자리

안드로메다자리

물고기자리 가을의 대사각형 페가수스자리

물병자리 염소자리

포말하우트 남쪽물고기자리

남쪽

이들 별자리는 그리스 신화에서 하나의 이야기 속에 등장해요. 안드로메다 공주는 에티오피아의 케페우스 왕과 카시오페이아 왕비 사이에 태어났습니다. 그런데 카시오페이아 왕비는 안드로메다 공주의 미모를 너무 자랑스러워해서 "내 딸은 신보다 아름다워요."라고 했대요. 그 말을 들은 신들은 분노에 차서 안드로메다 공주를 산 제물로 바다 괴물에게 바치라고 하지요.

공주가 산 제물로 바쳐져 괴로워하고 있는데, 천마 페가수스에 올라탄 영웅 페르세우스가 그곳을 지나가게 되었어요. 페르세우스는 괴물을 물리치고 안드로메다 공주를 구해 결혼했답니다.

: 변하지 않는 별 북극성에도 일어나는 변화 :

W 모양인 카시오페이아자리는 북두칠성과 함께 북극성을 찾는 단서로 사용됩니다. 가을에는 북두칠성이 북쪽 지평선 근처에 있어 찾기 어려우므로 대신 카시오페이아자리를 이용해요.

그런데 북극성은 영원히 북쪽을 가리킬까요? 실은 그렇지 않아요. 몇천 년, 몇만 년의 긴 세월이 흐르면 천구의 북극 방향이 변하기 때문이지요.

지구는 자전하고 있는데, 회전이 느려진 팽이가 이리저리 흔들리기 시작하는 것처럼 자전축 방향은 몇만 년 주기로 천천히 변해요. 이 흔들림 운동을 세차운동이라고 합니다. 세차운동 때문에 천구의 북극 위치는 조금씩 바뀌어요. 지구의 세차운동을 발견한 사람은 별의 등급을 처음으로 정한 히파르코스(45쪽)였어요.

카시오페이아자리에서 북극성 찾기

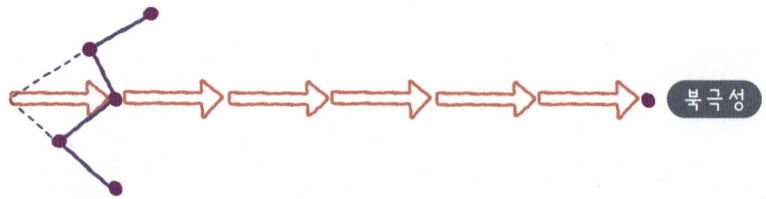

① 위 그림처럼 연장선(점선)을 그어요.

② 연장선이 만나는 점에서 그림처럼 화살표를 이어요.

③ 화살표의 5배가 되는 위치에 있는 밝은 별이 북극성이에요.

　현재 천구의 북극은 작은곰자리 알파별 가까이에 있어서 우리들은 이 별을 '북극성'이라고 부르고 있습니다. 하지만 세차운동으로 인해 지금부터 약 7,000년 후에는 여름 별자리인 백조자리 데네브(61쪽)가, 그리고 약 12,000년 후에는 거문고자리 베가(61쪽)가 새로운 북극성이 된답니다.
　'변하지 않는 것'을 대표해 온 북극성이 사실은 긴 시간이 지나면 다른 별로 변한다니 참 신기하지요?

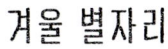

영화에서처럼 별이 폭발하면 지구도 사라지나요?

: 겨울 밤하늘에 빛나는 보석 :

마지막은 겨울 밤하늘입니다. 겨울 별자리에는 밝은 별이 많아 1년 중 가장 화려한 밤하늘을 볼 수 있어요. 가장 잘 보이는 별자리는 4개의 밝은 별이 거의 직사각형을 이루고, 중심에 3개 별이 늘어선 오리온자리예요.

    오리온은 그리스 신화에 등장하는 힘 센 사냥꾼이에요. 그러나 어느 날, 전갈의 독침에 찔려 죽고 말았지요. 전갈자리는 여름 별자리이므로 겨울 별자리인 오리온자리와 동시에 밤하늘에 나타나지 않아요. 옛사람들은 '오리온은 죽어서도 전갈을 무서워한다.'고 생각했답니다.

― 겨울의 대표 별자리 ―

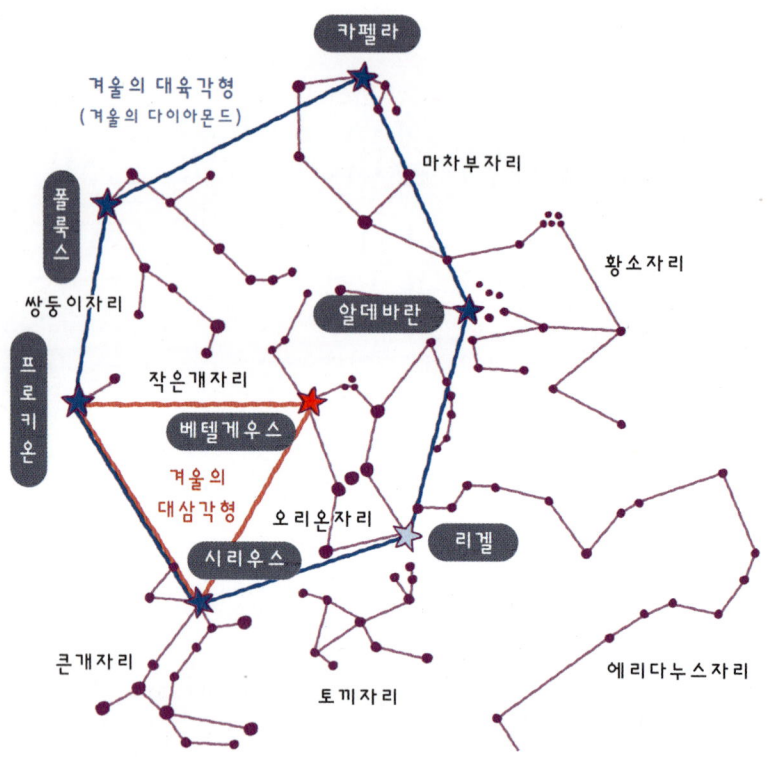

　오리온자리에는 1등성이 2개 있어요. 왼쪽 어깨 부분에 있는 붉은 베텔게우스와, 오른쪽 다리 부분의 청백색 리겔입니다.
　겨울 밤하늘에는 그 외에도 1등성이 많이 있어요. 그중에서 가장 눈에 띄는 별은 큰개자리의 시리우스예요. 시리우스는 모두 21개인 1등성 중에서 가장 밝게 보이는 별이지요. 시리우스는 원래 그렇게 밝지 않지만 지구에서 8.6광년밖에 떨어져 있지 않은 '이웃동

네' 별이라서 매우 밝게 보인답니다.

　베텔게우스와 시리우스, 거기에 작은개자리 1등성 프로키온을 연결하면 아름다운 정삼각형이 만들어져요. 이 삼각형을 겨울의 대삼각형이라고 하지요. 또 리겔과 시리우스와 프로키온, 그리고 쌍둥이자리 폴룩스, 마차부자리 카펠라, 황소자리 알데바란 등 모두 6개의 1등성을 순서대로 연결하면 베텔게우스를 중심으로 한 육각형이 그려져요. 이것을 겨울의 대육각형 혹은 겨울의 다이아몬드라고 합니다. 겨울 밤하늘에는 1등성으로 만들어진 커다란 다이아몬드가 아름답게 빛난답니다.

: 곧 초신성 폭발을 일으키는 베텔게우스 :

그런데 오리온자리 1등성 베텔게우스는 곧 대폭발할지도 몰라요. 대폭발이 일어나면 보름달보다 100배나 더 밝게 빛나고 낮에도 번쩍이는 빛을 볼 수 있다고 하니 많은 사람들의 관심을 모으겠지요?
　베텔게우스는 태양보다 20배나 무거운 거대한 붉은 별입니다. 태양보다 훨씬 무거운 별은 일생의 최후에 대폭발을 일으켜요. 그 폭발 에너지는 별이 그때까지 방출해 온 모든 에너지와 맞먹는답니다. 몇천만 년, 혹은 몇억 년에 걸쳐 방출해 온 막대한 에너지와 같은 양을 단지 몇 주 사이에 방출하는 무시무시한 폭발이지요.
　이러한 대폭발이 일어나면 그때까지 머나먼 우주 저편에 있어 눈에 띄지 않았던 별도 갑자기 전보다 더 밝아집니다. 이 대폭발을 마치 새로운 별이 태어난 것 같다고 초신성 폭발이라고 해요. 그런데 사실은 새로운 별이 생긴 것이 아니라 반대로 별이 죽을 때 최후에 내는 '마지막 불꽃'이지요.

천문학자들은 베텔게우스가 '얼마 안 있어' 초신성 폭발을 일으킬지 모른다는 몇 가지 증거를 발견했어요. 단, 천문학자는 보통, 몇천만 년이나 몇억 년이라는 기나긴 시간으로 사건을 생각합니다. 이렇게 긴 세월에서 보면 '곧'이라고 해도 실제 폭발은 내일일 수도, 1년 후, 혹은 100년 후, 1,000년 후에 일어날지도 몰라요. 하지만 초신성 폭발을 관측하는 일은 흔하지 않기 때문에 부디 우리들이 살아 있는 동안에 이 화려한 우주 쇼를 보고 싶네요.

: 초신성이 폭발하면 우리도 위험해지는 것이 아닐까? :

혹시 베텔게우스가 초신성 폭발을 일으키면 지구의 생명이 모두 없어져 버리지 않을까 걱정되지 않나요? 베텔게우스는 지구에서 약 640광년 떨어져 있는데 이 거리는 우주 전체의 넓이로 보면 '극히 가까운 거리'랍니다.

지구상 생명은 여러 번 대량 멸종을 반복해 왔다고 알려졌어요. 그 원인 중 하나가 지구에서 매우 가까운 곳에서 일어난 초신성 폭발일지 모른다는 설이 있지요.

결론을 말하면 베텔게우스가 초신성 폭발을 일으켜도 지구에 큰 영향은 없다고 해요. 초신성 폭발 시 가장 무서운 일은 감마선(에너지가 매우 강한 빛의 하나)이 도달하여 지구 대기의 오존층을 망가뜨리는 일이랍니다.

오존층은 태양에서 오는 유해한 **자외선**을 막는 역할을 해요. 오존층이 파괴되면 자외선이 지표에 대량으로 쏟아져 육지와 얕은 바다에 사는 생물의 대다수가 죽어 버리지요.

그러나 천문학자들의 연구에 의하면 베텔게우스가 초신성 폭발을 일으켜도 강한 감마선이 지구에 도달할 가능성은 없다고 해요. 그러니 우리들은 안심하고 초신성 폭발이 일어나기를 기대해도 좋습니다.

> **자외선**
> 눈에 보이지 않는 빛의 한 종류로 태양빛의 스펙트럼을 사진으로 찍었을 때 가시광선보다 짧은 파장의 빛을 말해요.

밤하늘을 채우는 많은 물질들

혜성에는 왜 꼬리가 달려 있어요?

: 혜성의 정체는 더러운 눈덩이? :

계절에 따른 밤하늘의 모습을 이야기했는데, 마지막으로 밤하늘에 갑자기 나타나는 천체들을 소개할게요.

밤하늘에 가끔씩 길다란 '꼬리'를 끄는 이상한 천체가 나타날 때가 있어요. 바로 혜성이랍니다. 동양에서는 빗자루를 닮았다고 해서 '빗자루별'이라고도 불렀어요. 옛날 유럽 사람들은 혜성이 나타나면 불길한 일이 일어난다는 미신을 믿기도 했지요.

혜성은 몇 년에서 수십만 년마다 태양에 가까워지는 천체입니다(두 번 다시 돌아오지 않는 것도 있어요). 유명한 혜성은 핼리 혜성으로 약 76년마다 태양에 접근해요. 혜성의 궤도는 76쪽 그림처럼 매우 길고 가느다란 타원형이에요. 태양에서 먼 곳에 있을 때, 혜성은 어둡고 꼬리는 거의 없어요. 하지만 태양에 가까워질수록 혜성은 점점 밝아지고 긴 꼬리를 끌게 됩니다.

그 이유는 혜성의 본모습이 얼음에 암석질 먼지 따위가 붙은 '더러운 눈덩이'이기 때문입니다. 태양에 가까워지면 혜성의 얼음이 녹아 안쪽에 들어 있던 가스가 분출돼요. 그 가스들이 **태양풍**에 쓸려 긴 꼬리가 되는 것이지요.

> **태양풍**
> 태양에서 뿜어져 나오는 고에너지 입자의 흐름을 말해요.

가장 최근에 핼리 혜성이 나타난 때는 1986년이었어요. 다음에는 2061년 여름에 나타날 것으로 예상됩니다.

또 지금까지 관측된 적이 없는 혜성이 갑자기 발견되기도 해요. 예를 들면 1996년 1월, 일본의 아마추어 천문가 햐쿠타케 유지(1950~2002)가 발견한 햐쿠타케 혜성이 있지요. 처음에 어두웠던 이 혜성은 점점 밝아지더니 두 달 후에는 밤하늘에서 가장 밝은 천체가 되어 하늘의 반 이상 되는 긴 꼬리를 늘어뜨렸답니다. 가장 최근에 발견된 혜성은 2020년 3월 발견된 네오와이즈 혜성이에요. 한국에서도 맨눈으로 관찰할 수 있을 정도로 밝았답니다.

2013년 연말에는 이전 해에 발견되었던 아이손 혜성이 태양에 매우 가까워져 역사상 드물게 밝은 혜성이 될 거라고 많은 기대를 모았어요. 그러나 아이손 혜성은 태양에 가장 가까워졌을 때 태양열로 증발해 버려 많은 천문학 팬들이 실망했지요.

새로 발견된 혜성에는 발견자의 이름이 붙어요. 여러분도 '혜성

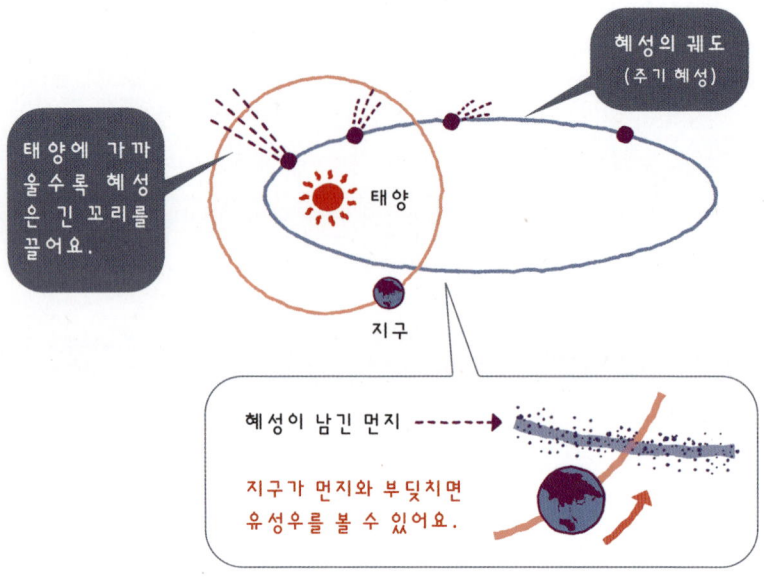

'사냥꾼'이 되어 보면 어떨까요?

: 유성은 혜성이 남기고 간 선물? :

혜성은 자주 관측하기 어렵지만 우리들은 혜성이 남겨 준 '선물'을 종종 볼 수 있어요. 선물이란 밤하늘을 한순간에 획 하고 가로지르는 유성(별똥별)을 말해요.

유성은 혜성이 흩뿌린 먼지가 지구 대기와 충돌하여 대기와 마찰해 타는 현상이에요. '별 성(星)' 자가 들어 있지만 먼 우주 공간이 아니라 지구 대기 중에서 일어나는 현상이지요. 유성은 보기 어렵지 않아서 공기가 맑고 어두운 곳이라면 1시간에 몇 개나 볼 수 있답니다.

혜성 궤도상에는 혜성이 흩뿌린 대량의 먼지가 흘러 다닙니다. 마치 '먼지의 강' 같지요. 그곳을 지구가 통과하면 엄청난 먼지가 지구 대기 중에 쏟아져 내려 수많은 유성이 생겨나요. 이것을 유성우라고 해요.

매년 정해진 시간에 볼 수 있는 유성우가 있어요. 1월의 사분의자리 유성우, 8월의 페르세우스자리 유성우, 12월의 쌍둥이자리 유성우는 '삼대 유성우'로 불리지요. 별자리 이름이 붙은 이유는 그 별자리가 있는 부근에서 유성이 사방으로 떨어져 내리기 때문이에요.

삼대 유성우가 떨어져 내릴 때는 매년 1시간에 100개 정도의 유성이 안정적으로 보입니다. 한편 해에 따라 유성의 수가 크게 변하는 유성우도 있어요. 대표적인 것은 매년 11월에 보이는 사자자리 유성우예요.

사자자리 유성우는 33년마다 태양에 가까워지는 템펠-터틀 혜성의 먼지에서 생겨나요. 혜성이 태양에 가까워질 때마다 새로운 먼지를 흩뿌리므로 해마다 유성의 숫자가 크게 늘어나지요.

사자자리 유성우는 최근 1998년에 태양에 가까워져 2001년에는 한국에서 1시간에 수천 개나 되는 유성을 볼 수 있었어요. 말 그대로 비처럼 쏟아져 내리는 '유성우'였지요. 다음번은 2030년 전후에 비슷한 현상이 일어나리라고 예상됩니다.

: 사람이 만든 별도 밤하늘에 보일까? :

밤하늘에서는 사람이 만든 인공 '별'들을 볼 수도 있답니다. 그중 하나가 국제 우주 정거장(약칭 ISS)입니다.

    ISS는 지상에서 약 400킬로미터 상공에 건설된 거대한 유인 실험시설입니다. 초속 약 8킬로미터(시속 약 28,000킬로미터)라는 총알보다 훨씬 빠른 속도로 비행해, 약 90분 동안 지구 주위를 돌아요. ISS는 우주에서만 할 수 있는 다양한 실험을 하거나 지구나 우주를 관측하지요. 일본과 미국, 캐나다, 유럽 여러 나라, 러시아 등 모두 16개국이 협력하여 우주 정거장을 건설했어요.

    1999년 궤도상에서 조립이 시작되어 로켓과 **우주 왕복선**으로 부품을 조금씩 운반해 2011년에 완성했습니다. 많은 우주비행사가 ISS에 장기간(4개월부터 반 년 정도)

> **우주 왕복선**
> 반복해서 사용할 수 있는 유인 우주선이에요.

지내면서 ISS 시설의 운용과 여러 가지 과학실험을 행하고 있답니다. 미국과 러시아가 관리하는 국제 우주 정거장은 2031년 이후 운행 종료될 예정이며, 현재 2022년 운용을 계획으로 중국의 톈궁 우주 정거장이 건설되고 있습니다.

    ISS는 100미터×70미터로 축구장 정도의 크기입니다. 조건이 맞으면 해가 지고 나서나 해 뜨기 전 2시간 사이에 태양에 비쳐 별처럼 빛나는 모습을 지상에서 맨눈으로 볼 수 있어요. 1등성보다 밝은 빛의 점이 3분간 하늘을 가로지르는 모습을 본다면 굉장히 감동받을 거예요.

ISS가 언제 보이는지는 나사 홈페이지(https://spotthestation.nasa.gov)에 공개되어 있으므로 꼭 한번 확인해 보세요. 지도에서 대한민국의 영문명 'South Korea'를 선택하거나 입력창에 직접 입력하면 우리나라에서 ISS를 언제 볼 수 있는지 확인할 수 있어요.

제2장

태양과
달과
행성의
불가사의

태양과 달, 태양 주위를 도는 행성이란 무엇일까?

지구 기후에 큰 영향을 미치는 태양

태양이
차가워질 수도 있나요?

: 태양은 어떤 원리로 타는 것일까? :

이 책의 서문에 태양을 '활활 타는 거대한 불덩어리'라고 했는데 사실 이 표현은 조금 부정확합니다. 태양은 주로 수소 가스와 헬륨 가스로 이루어져 있는데 그중 '타고 있는' 부분은 중심의 극히 일부뿐이에요. 즉, 태양의 대부분은 타지 않고 단지 온도가 높을 뿐이랍니다.

태양을 포함한 항성이 어떤 원리로 타는 것인지는 오랫동안 커다란 수수께끼였습니다. 만약 태양이 모두 석유로 되어 있어 그 석유를 태우며 지금과 같은 에너지를 발생시킨다면 약 수천 년 만에 다 타 버릴 거예요. 그러나 태양은 과거 46억 년 동안 막대한 에너지를 안정적으로 방출해 왔지요. 그 작동 원리가 밝혀진 때는 70년 정도 전인 20세기 중반이에요.

> **원자핵**
> 원자는 물질을 이루는 가장 작은 입자로, 원자핵과 전자로 구성되어 있어요.

태양의 중심은 온도가 약 1,500만 도, 기압이 지구 표면의 약 2,400억 배로 초고온, 초고압 상태입니다. 이러한 상태로 수소(정확히는 수소**원자핵**)끼리 부딪쳐 달라붙어 헬륨(헬륨 원자핵)이 만들어졌어요. 이를 핵융합이라고 해요.

핵융합은 적은 양의 연료(수소)에서 많은 에너지가 생기는, 굉장히 효율적으로 에너지를 만들어내는 방식이에요. 46억 년 동안이나 핵융합으로 계속 불타 온 태양은 앞으로도 60억 년은 충분히 빛날 것이라고 해요.

: 태양의 흑점이 계속 늘어난다면? :

지구의 어머니 별 태양은 활동이 조금만 강해졌다 약해졌다 해도 지구에 커다란 영향을 끼칩니다. 이러한 태양의 활동상태를 재는 척도가 되는 것이 '흑점'이에요.

망원경에 특수한 필터를 달아서 태양을 관찰하면 표면에 검은 '점' 같은 무늬가 보여요. 이것이 흑점입니다. 태양의 표면 온도는 약 6,000도인데 흑점은 주변보다 2,000도 정도 온도가 낮기 때문에 검게 보인답니다.

흑점의 온도가 낮은 이유는 그곳에 강한 자기장(자석의 성질을 지닌 곳)이 있기 때문입니다. 전체가 커다란 자석으로 되어 있는 지구에도 자기장이 있는데요. 흑점의 자기장은 지구보다 수천 배나 강하다고 해요. 그 강한 자기장에 의해 태양 표면에서 나오는 열과 빛이 차단되어 온도가 낮아지는 것이지요.

흑점은 태양 활동과 깊은 관계가 있어요. 흑점이 많으면 태양 표면의 활동이 활발해져 플레어라는 격렬한 폭발이 일어나요. 그러면 태양풍(75쪽)이 폭발적으로 내뿜어져 지구에 세차게 쏟아지지요. 이것을 태양 폭풍이라고 하는데 인공위성이나 비행기의 무선통신이 끊기거나 전자기기가 망가지기도 해요.

> **미립자**
> 물질을 이루는 가장 작은 단위의 물질로 소립자라고도 해요. 현재 약 300여 가지의 많은 소립자가 알려져 있으며 가장 먼저 발견된 소립자는 전자입니다.

한편, 태양 폭풍이 일어나면 북극과 남극에서는 아름다운 오로라가 보인답니다. 오로라는 태양 폭풍 등에 의해 운반된 **미립자**가 지구 대기와 부딪쳐 빛을 내뿜는 현상이에요.

: 지구가 점점 추워질 가능성 :

그럼 흑점이 적어져 태양 활동이 강하지 않은 게 좋냐고요? 그렇지도 않아요. 흑점은 약 11년마다 수가 늘거나 줄어요. 즉, 태양 활동은 11년 주기로 강해졌다 약해졌다 하지요.

그런데 300년도 더 전인 1645~1715년에 흑점이 거의 관측되지 않은 시기(마운더 극소기)가 70년 동안이나 이어졌습니다. 이때는 지구 전체가 한랭화(기온이 점점 낮아짐)되어 서늘한 여름과 심하게 추운 겨울이 계속되었다고 해요.

그런데 흑점 수가 늘거나 줄어드는 현상도 태양 자기장과 관계가 있어요. 태양을 커다란 자석이라고 하면 지금은 태양의 북극에 S극이, 남극에 N극이 있습니다. 약 11년 주기로 S극과 N극이 바뀌는데 이때 태양 흑점이 늘어 태양 활동이 활발해진다고 해요.

2012년 4월, 일본 국립천문대와 이화학 연구소 등의 연구팀은 태양 자기장에 기묘한 현상이 보인다고 발표했습니다. 연구팀은 태양관측위성 '히노데(일출이라는 뜻)'를 사용해 태양 자기장의 모습을 조사했어요.

그러자 태양의 북극이 N극으로 변하고 있는데 남극은 N극인 채였다는 거예요. 그대로 두면 북극과 남극 둘 다 N극이 되고 태양 적도 부근에 S극이 생겨 버려요. 이 현상은 마운더 극소기의 태양 상황과 비슷하다고 여겨졌어요.

또 노베야마 전파헬리오그래프(전파를 수신하는 전파망원경의 일종)의 데이터에 의하면 태양 활동이 최근 20년 동안 점차 약해졌다고 해요.

> **지구온난화**
> 여러 가지 환경 파괴 때문에 지구의 기온이 높아지는 현상을 말해요.

과연 지구의 기온은 앞으로 점점 낮아질까요? 지구 전체는 이른바 '지구온난화' 현상으로 기온이 높아지고 있어요. 그러니까 만약 태양 활동이 약해져도 지구온난화를 없앨 정도로 추워지지는 않을 거예요.

최근 11년간 역대 가장 활동성이 줄어들었던 역대급 극소기를

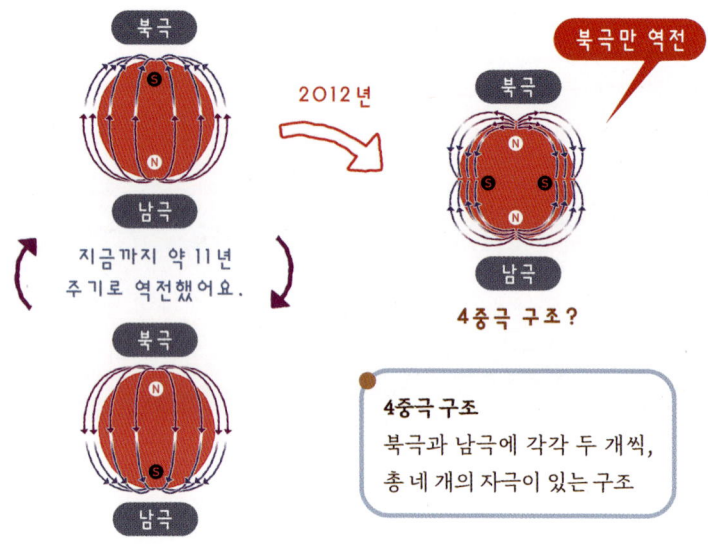

보냈던 태양이 2022년 새로운 극대기 주기로 접어들면서 갑작스럽게 활발한 활동성을 보여주고 있습니다. 덕분에 최근 지구 북반구에서 아주 격렬한 오로라가 빈번하게 목격되기도 합니다.

오늘날에도 태양을 관측하기 위한 탐사 활동이 꾸준히 이어지고 있습니다. 2018년 NASA과 유럽에서 발사한 태양 관측 탐사선 파커 솔라 프로브(Parker solar probe)와 2020년 발사한 솔라 오비터(Solar orbiter)가 대표적인데요. 특히 이 탐사선들은 태양 표면에 굉장히 가까이 접근해서 그 표면을 구체적으로 관측하는 임무를 수행합니다. 그래서 소위 태양 표면을 '터치'하는 탐사를 한다고 표현합니다. 이들 두 탐사선은 태양 표면 바깥 대기와 코로나 상층 대기권을 관측하고 있습니다.

달의 탄생과 내일

달에서 살 수 있는 날이 올까요?

: 달은 거대 천체가 충돌해서 생겨났다고? :

지구의 위성(행성 주위를 도는 천연의 천체)인 달은 지름이 약 3,500킬로미터로 지구의 약 4분의 1이나 됩니다. 화성과 목성, 토성 등 태양계 다른 행성에도 위성이 있어요. 위성은 대부분 행성 크기의 수십분의 1부터 수백분의 1밖에 되지 않아요. 달은 행성과 위성 크기를 비교할 때 예외적으로 크답니다.

 이렇게 큰 달이 어떻게 생겨났는지 오랫동안 풀리지 않는 수수께끼였어요. 예전에는 태양계 안의 다른 곳에서 만들어진 달이 이따금 지구에 접근하다 지구 중력에 붙잡혀 위성이 되었다는 '포획설'과, 지구와 달은 같은 가스 구름 덩어리 속에서 동시에 태어났다

자이언트 임팩트 설

　는 '형제설'이 있었어요.
　현재 학자들은 달이 지구의 파편에서 만들어졌다는 자이언트 임팩트(거대 충돌) 설을 가장 가능성이 많다고 보고 있어요.

그 설에 의하면 지금부터 45억 년 이상 전에 갓 태어난 원시 지구에 화성 크기(지구의 반 정도)의 엄청나게 거대한 천체가 비스듬히 충돌했다고 합니다. 그러자 거대 천체의 암석 성분은 **승화**되거나, 혹은 녹은 상태가 되어 지구 주위에서 사방으로 튀었어요. 드디어 식어 입자가 된 암석 성분이 지구 주위를 원반 모양으로 에워쌌지요. 원반 안의 암석 입자는 충돌과 합체를 반복하며 성장해 한 달에서 1년 정도 걸려 새로운 천체인 달이 되었다는 것입니다.

> **승화**
> 고체가 기체로 변하는 현상이에요.

생긴 지 얼마 안 된 달은 지구에서 2만 킬로미터밖에 떨어져 있지 않았어요. 점차 지구에서 멀어진 달은 현재 약 38만 킬로미터 멀리 있지요. 지금도 달은 매년 약 3센티미터씩 지구에서 멀어져 가고 있어요. 따라서 먼 미래에는 달의 겉보기 크기가 태양보다 작아져 달이 태양을 완전히 가리는 개기 일식은 일어나지 않게 된답니다.

> **아폴로 계획**
> 미국의 케네디 대통령이 '1970년이 되기 전에 사람을 달에 착륙시켰다가 지구로 무사히 돌아오게 한다.'는 목표를 세운 계획이에요. 총 6번에 걸쳐 달 착륙에 성공했고, 12명의 우주 비행사가 달 표면을 걸을 수 있었어요.

: 옛날에는 달이 2개였다니! :

물론 달이 어떻게 탄생했는지 완전히 밝혀지지는 않았어요. 최근 미국의 **아폴로 계획**으로 달에서 가져온 돌을 다시 분석한 결과 대부분이 원시 지구의 파편으로 이루어져 있다는 사실을 알게 되었어요. 그전까지 학자들은 달의 돌에, 충돌했던 거대 천체의 성분이 반은 포함되었을 것이라고 생각했기 때문에 예상외의 결과였습니다.

또 거대 천체가 충돌한 후에 크고 작은 2개의 달이 생겼을지 모른다는 새로운 설도 발표되었어요. 작은 달은 수천만 년 후에 천천히 큰 달에 충돌해 하나의 달이 되었다고 컴퓨터 시뮬레이션이 알려 주었지요. 달은 지구에서 본 앞면과 뒷면의 지각(지표면의 암석층)의 두께나 광물의 조성 등이 크게 다른데, '2개의 달' 설은 이러한 이유를 잘 설명할 수 있답니다.

우리들과 가장 가까운 천체인 달. 이미 인류는 달에 발자국도 남겼으나 달에는 아직 많은 수수께끼가 남아 있어요. 달의 진짜 모습을 좀 더 알고 싶어서 세계 여러 나라는 최근 차례차례로 달에 탐사선을 쏘아 보내고 있습니다.

현재까지 미국, 일본 외에 중국의 창어, 인도의 찬드라얀 탐사선 등이 달 탐사를 행해 왔습니다. 한국도 미국이 추진하는 달 탐사 계획인 아르테미스 계획에 10번째 참여국이 되었어요. 아르테미스 계획은 2024년에 달에 우주인 2명을 착륙시키고, 2028년까지 유인 기지를 건설하려는 계획이에요. 또, 한국은 미국항공우주국(NASA)과 협력해 2022년 달 궤도선을 발사할 예정이랍니다.

내행성 수성과 금성의 맨얼굴

금성이
지옥처럼 생겼다고요?

: 저녁과 새벽에만 보이는 수성과 금성 :

태양계 행성 중에 수성은 태양과 가장 가까운 곳, 금성은 두 번째로 가까운 곳을 도는 행성입니다. 지구보다 안쪽 궤도를 돌아서 이 두 행성을 내행성이라고 해요. 지구에서 보면 내행성은 항상 태양 가까이 있으므로 수성과 금성은 저녁과 새벽에만 볼 수 있어요(94쪽 그림 참조).

금성은 전체가 두꺼운 구름으로 덮여 있는데 이 구름이 태양빛의 대부분을 반사해요. 그래서 저녁이나 새벽 하늘에서도 굉장히 밝게 빛나 '초저녁별'이나 '샛별'이라고 불리지요.

한편 수성은 금성만큼 밝지 않고 금성보다 태양에 더 가까워 지

내행성(수성, 금성)의 운동

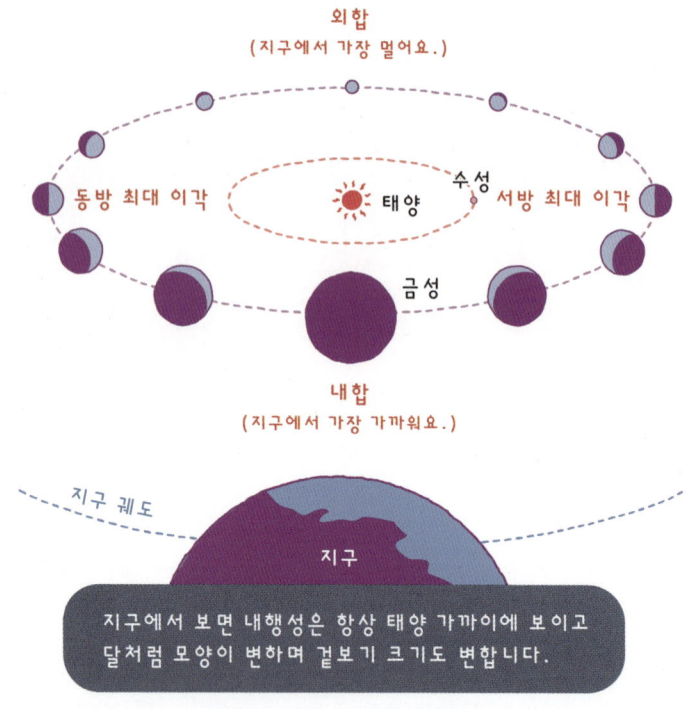

구에서 관측하기 어려운 행성입니다. 수성을 지구에서 볼 수 있는 기회는 일식 때랍니다. 개기 일식 때 달에 가려진 태양 가까이에 다가간 수성의 모습을 볼 수 있어요.

    지구에서 보는 수성과 금성은 달과 마찬가지로 차고 이지러집니다. 맨눈으로 보기는 어렵지만 배율 10배 정도의 쌍안경이 있으면 금성이 변화하는 모습을 관찰할 수 있어요.

그런데 달과 달리 금성은 모양뿐 아니라 겉보기 크기도 많이 변해요. 보름달 같은 모양(그림의 '외합'에 가까울 때)과 초승달 같은 모양('내합'에 가까울 때)과는 크기가 약 6배나 차이나 보이지요. 지구와 금성 사이 거리가 크게 변하기 때문에 겉보기 크기가 변하는 것이랍니다.

: 황산 구름으로 뒤덮인 타오르는 행성 금성 :

행성의 맨얼굴을 더욱 자세히 알기 위해서는 탐사선을 보내는 것이 가장 좋습니다. 그러나 태양에 가까운 수성은 태양빛이 지구보다 10배나 강하므로 고온을 견디는 탐사선을 만들기 어려워요. 지금까지 수성을 방문한 탐사선은 미국이 쏘아 올린 매리너 10호(1974~1975년)와 메신저(2011년~2015년) 2개뿐이에요. 탐사 결과 수성 표면에는 수많은 크레이터가 있고, 약한 자기장이 있다는 사실이 알려졌어요.

또 일본과 유럽(유럽우주국: ESA)은 공동으로 수성에 탐사선을 보내는 베피콜롬보 계획을 진행하고 있어요. 베피콜롬보는 수성 궤도를 자세히 관측한 이탈리아 천문학자 주세페 콜롬보(1920~1984)의 애칭이지요. 2018년 10월에 쏘아 올려 2025년 12월이면 수성 궤도에 진입한다고 해요. 수성 내부 구조와 자기장 모습 등을 조사할 예정이에요.

한편 금성에는 지금까지 20대가 넘는 탐사선이 방문했어요. 금성은 크기와 질량이 지구와 거의 같은 쌍둥이 행성이랍니다. 단, 지구보다 태양에 가까우므로 금성은 지구의 열대 지역 같은 기후이고 그곳에 생명체가 살지 않을까 하고 상상했던 때도 있었어요.

그런데 미국과 옛 소련의 탐사선이 금성을 관측한 결과 금성의 놀라운 맨얼굴이 밝혀졌지 뭐예요. 금성 대기의 96퍼센트는

> **온실 효과**
> 온실 가스에 의해서 행성의 표면과 대기가 더워지는 효과예요. 가장 대표적인 온실가스는 바로 이산화탄소!

이산화탄소이고 기압은 지구보다 90배나 높아요. 두터운 대기 때문에 **온실 효과**가 일어나 태양열이 벗어나지 못해 금성 표면의 기온은 섭씨 450도에 달했어요.

게다가 대기 중에 떠 있는 두터운 구름은 많은 금속을 녹이는 황산 방울이었어요. 이런 행성에 생명은 도저히 존재하기 힘들겠지요. 지구의 쌍둥이처럼 여겨졌던 금성은 사실은 황산 구름에 뒤덮인 이글이글 타오르는 행성이었답니다.

그러나 금성에서 생명체를 찾기 위한 노력은 계속해서 이어지고 있어요. 최근 NASA에서는 2030년경 금성 표면을 탐사하는 새로운 탐사선 DAVINCI+를 발사할 계획이라고 공식 발표하기도 했답니다.

운하가 있다고 여겨졌던 붉은 행성

화성에는 정말 생명이 살고 있을까요?

: 화성에는 운하를 만든 화성인이 있다?:

지구보다 바깥쪽 궤도를 도는 행성을 외행성이라고 하는데 화성은 지구의 바로 외측 궤도를 도는 지구의 형제 행성입니다. 화성의 크기는 지구의 약 반, 질량은 지구의 약 9분의 1밖에 되지 않아요. 120년 전, 미국 천문학자 퍼시벌 로웰(1855~1916)은 화성에 고도 문명을 가진 화성인이 산다고 주장했어요.

대부호의 집에서 태어난 로웰은 재산을 털어 천문대를 짓고 화성을 관측했어요. 그리고 "화성 표면에 보이는 줄무늬 모양은 화성인이 만든 운하가 틀림없다."는 화성 운하설을 주장했지요. 로웰은 화성의 바다가 다 마르고 대지가 사막으로 변했다고 상상했어요.

화성에는 운하를 만들 수 있는 화성인이 있다?

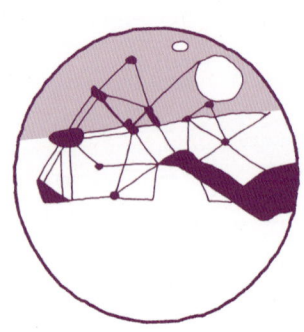
로웰이 그린 화성의 '운하'

소설 《우주 전쟁》에서 삽화로 묘사한 화성인

또 고도 문명을 가진 화성인은 화성의 북극과 남극의 얼음을 녹여 물로 만들고 운하로 화성 전체에 널리 퍼지게 한다고 했어요.

로웰의 주장에 사로잡힌 많은 사람들이 화성인의 존재를 믿는 '화성 붐'이 일어났어요. 이를 주목한 영국 소설가 허버트 웰스(1866~1946)는 공상과학소설 《우주 전쟁》을 발표합니다. 문어 같은 흉악한 화성인이 지구를 침략한다는 스토리가 인기를 모아 이때부터 사람들은 화성인을 문어 모습의 외계인으로 상상하게 되었죠.

《우주 전쟁》은 1938년 10월 30일 미국의 라디오 방송국 CBS에서 라디오 드라마로 만들어져 화성인의 공습을 실황 중계처럼 방송했어요. 그때 진짜 화성인이 지구를 공격했다고 믿은 사람들이 혼란에 빠졌다는 전설은 너무나 유명하답니다.

: 원시 생명이 지금도 화성에 존재한다? :

로웰이 보았다는 화성의 운하는 아쉽게도 착각이었다고 밝혀졌어요. 1960년대 이후, 미국을 비롯한 여러 나라 탐사선이 화성에 근접 혹은 착륙해 표면의 모습을 촬영했어요. 거기 찍힌 것은 거대한 산과 깊은 계곡, 그리고 수많은 크레이터뿐이었답니다.

화성은 지구보다 태양에서 멀어 태양열 에너지가 적은 데다가, 보온 효과(온실 효과)가 있는 대기가 희박해서 열이 우주로 달아나 버려요. 그래서 화성 표면의 평균 기온은 섭씨 영하 50도 정도로 지구보다 훨씬 추워요. 또 대기량이 적고 자기장도 약한 화성에서는 생체에 유해한 자외선과 **방사선**이 지표에 대량으로 쏟아지지요. 이처럼 화성의 환경은 생명체에게는 매우 가혹해 고등 생물이 살고 있을 가능성은 거의 없다고 생각됩니다.

그래도 원시적인 생명체라면 지금도 화성에 존재할 가능성이 있어요. 왜냐하면 화성에는 바로 얼마 전까지 많은 '액체 상태의 물'이 있었다고 여겨지기 때문이에요.

현재 화성 표면은 바싹 말라서 액체 상태 물은 발견되지 않아요. 그러나 화성 탐사선의 조사로는 화성 표면에 물이 흘렀던 흔적이 많이 발견되었다고 해요. 게다가 화성 지하에는 대량의 물이 얼음 형태로 존재한다는 사실이 밝혀졌지요. 이러한 근거로 연

> **방사선**
> 원자핵이 안정된 상태가 되려고 자신의 에너지와 전자기파, 그리고 양성자나 중성자 등의 입자를 밖으로 내보내는 과정을 '방사선 붕괴'라고 하는데, 이때 원자핵이 내놓는 것들을 '방사선'이라고 합니다. 알파, 베타, 감마선 등이 있어요.

구자들은 옛날의 화성은 따뜻하고 축축한 '물의 행성'이었을 것이라고 추측하고 있지요.

지구 최초의 생명은 바닷속에서 태어났다고 생각되므로 똑같이 '화성의 바다' 안에서 생명이 태어날 가능성은 충분히 있어요. 원시 생명 중 생명력이 매우 강한 생명체는 지금 화성의 혹독한 환경에서도 견디며 살아남아 있을 수도 있답니다.

: 화성 생명을 처음 발견하는 사람은 누구일까? :

화성에서 원시 생명이 발견된다면 분명 땅속에 사는 **미생물**일 테지요. 일찍이 미국의 화성 탐사선 바이킹 1호와 2호가 화성에 착륙하여 표면 흙을 채취해 미생물이 있는지 조사했어요. 하지만 이때에는 아쉽게도 생명체가 나타나지 않았지요.

단, 자외선과 방사선이 대량으로 쏟아지는 화성 지표에 생명이 없다는 사실은 어떤 의미에선 진짜예요. 자외선과 방사선이 닿지 않는 땅속에 살고 태양 에너지가 필요 없는 생물이 있어요. 즉, **광합성** 외의 방법으로 에너지를 얻는다는 말이죠. 이런 미생물은 지구에도 많이 있답니다. 그런 미생물을 발견하기 위해 세계는 앞으로도 계속 화성에 탐사선을 보낼 계획입니다. 어쨌든

> **미생물**
> 눈으로는 볼 수 없는 아주 작은 생물. 세균, 효모, 원생동물 등이 있는데, 바이러스를 포함하는 경우도 있어요.

> **광합성**
> 녹색 식물이나 그 밖의 식물이 빛을 이용하여 이산화탄소와 물로 필요한 영양분을 만드는 과정을 말해요.

화성 무인 탐사차 큐리오시티

큐리오시티는 카메라와 긴 로봇 팔로 화성을 탐사해요.

우리들은 지구 외의 생명체와 만난 일이 없으므로 비록 미생물이어도 화성에서 생명체를 찾을 수 있다면 인류사상 최대의 발견이 되겠지요.

2012년 8월, 미국의 화성 탐사차 '큐리오시티(호기심이라는 뜻)'가 화성에 착륙했습니다. 큐리오시티는 승용차만 한 무인 탐사차로, 드릴로 암석을 깎아 내고 바로 그 자리에서 분석을 행하기도 하는 똑똑한 탐사차예요.

큐리오시티는 화성 표면을 2년 넘게 조사하여 생명의 기원인 화학물질을 찾거나 다음 세대 화성 탐사를 위한 정보를 모으고 있어요. 큐리오시티 이후, 2013년 망갈리안(인도), 메이븐(미국) 탐사선이 발사되었습니다. 2018년에는 마스 큐브 원과 인사이트(미국)가, 2020년에는 헬리콥터 인저뉴이티와 퍼서비어런스(미국)가 발사되었습니다. 2020년에 발사된 중국 톈원 1호의 탐사차 주룽이 2021년 5월에 화성에 착륙했다는 소식도 있어요. 이들 탐사선들은 화성에 생명체의 흔적이 있는지 계속 찾고 있습니다.

   2030~40년대에는 화성에 유인 탐사선을 보내려는 국제 프로젝트도 있어 인류가 화성의 붉은 땅에 발을 디딜 날도 멀지 않았습니다. 그리고 화성의 지하에 있을지 모르는 미지의 생명은 우리들과 만날 날을 고대하고 있겠지요.

태양계 화석이라 불리는 소천체

우주를 떠도는 소행성들엔 무엇이 있어요?

: 지구로 떨어지는 소행성이 있다고? :

2003년 5월 일본 우치노우라 우주센터에서 발사한 하야부사는 2010년 지구 귀환에 성공한 소행성 탐사선으로, 지금까지 지구에 귀환한 우주 비행체 중 가장 먼 우주를 항해하고 지구로 돌아왔어요.

하야부사의 여정은 7년간 60억 킬로미터, 지구 15만 바퀴를 도는 거리에 해당해요. 하야부사가 지구에 가져온 캡슐에는 소행성 이토카와의 샘플(작은 모래알갱이)이 많이 들어 있었어요.

소행성이란 주로 화성과 목성 궤도 사

소천체
태양계의 천체 중 행성이나 왜소행성보다 작으면서 위성이 아닌 천체를 일컬어요.

소행성 이토카와와 소행성대

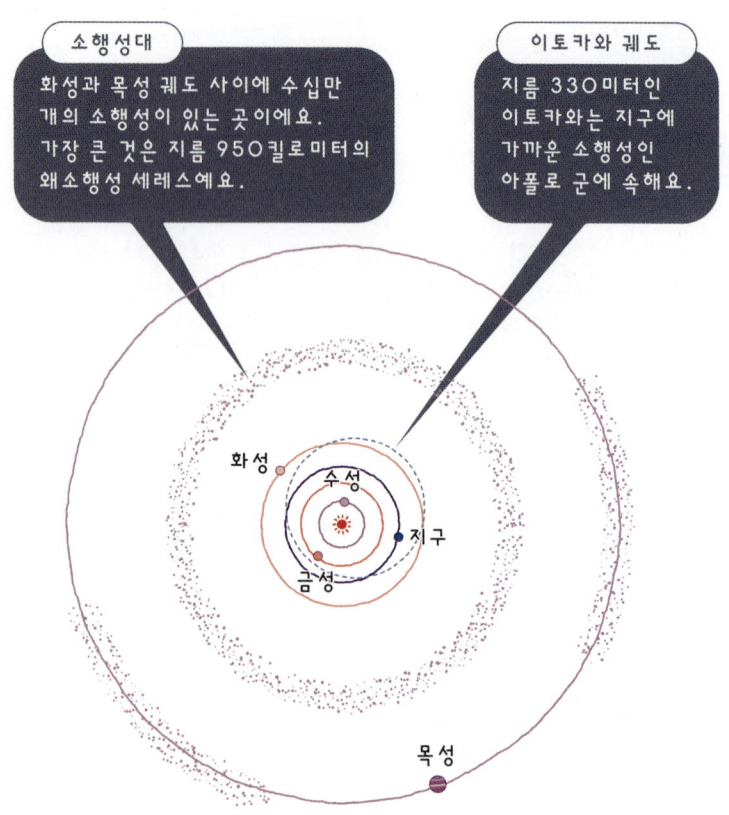

이에 있고, 태양 주위를 공전하는 수십만 개의 작은 천체를 말해요. 이토카와는 지구에서 좀 더 가까운 곳을 돌고 있지요. 크기는 최대 지름 900킬로미터 정도로, 대부분은 지름 10킬로미터도 되지 않아요. 모양은 구형이 아니라 찌그러진 모양이 많고요.

    소행성 중에 궤도가 흐트러져 지구에 가까워지면서 지구 중력에 잡혀 낙하해 오는 것이 있어요. 약 6,500만 년 전, 공룡이 멸종한 이유도 지름 10킬로미터 정도의 소행성이 지구에 떨어졌기 때문이라고 하죠.

하지만 이 정도 크기의 소행성이 떨어지는 일은 흔하지 않아요. 대부분 그것보다 훨씬 작아서 떨어지는 도중에 대기 속에서 타 버리는데 드물게 타다 남은 찌꺼기가 지상에 떨어지는 일도 있지요. 이를 운석이라고 해요. 대다수가 겨우 1센티미터 정도지만 가끔 주먹만 하게 큰 운석이 발견되기도 한답니다.

소행성이 왜 생겼는지는 사실 잘 몰라요. 학자들은 태양계가 생길 때, 최초로 10킬로미터 정도 되는 '미행성'이라는 작은 천체가 만들어져 미행성끼리 충돌, 합체하여 큰 행성이 되었다고 생각해요. 그러나 충돌 속도가 너무 빨라 합체하지 못하고 반대로 부서져 버린 천체가 소행성이 된 것이지요.

소행성은 매우 작아서 내부에 압력과 열이 미치지 않고 태양계가 탄생했을 때의 정보를 그대로 지니고 있다고 해요. 그 말은 소행성이 '태양계의 화석'이라는 말이죠. 그 소행성을 인류사상 최초로 방문해 '화석'을 가져온 탐사선이 하야부사입니다.

: 하야부사와 세계의 소행성 탐사선들 :

하야부사는 원래 세계에서 처음으로 인류의 탐사기술로 심우주 공간을 왕복할 수 있는지 증명하는 시험기로 발사되었어요. 수많은 기술 실증 시험 중에서 가장 중요한 것이 심우주 탐사에 최적인 이

온 엔진 실험입니다.

하야부사의 이온 엔진은 **태양전지**에서 얻은 전력으로 제논이라는 기체를 이온화(전기를 띠게 함)한 후 고속으로 내뿜어 나아가는 새로운 엔진이에요. 예전 탐사선의 궤도 수정에는 **연소**라는 화학반응을 이용한 화학 엔진을 썼어요. 이온 엔진은 화학 엔진보다 **연비**가 좋고 수명이 길지요.

그러니 이온 엔진을 심우주에서 한동안 사용할 수 있는 것만으로도 100점 만점의 성과였답니다. 게다가 이토카와에 도달해 샘플을 가지고 지구로 돌아오다니 500점의 대성공이라는 좋은 평가를 받았지요.

> **태양전지**
> 태양의 빛에너지를 전기로 바꾸는 장치예요.

> **연소**
> 물질이 산소와 만나 빛과 열을 내면서 타는 현상이에요.

> **연비**
> 일정한 주행 거리나 시간당 소비하는 연료의 양을 말해요.

하지만 하야부사는 연료가 누출되고 통신이 끊어져서 귀환 시기가 3년이나 늘어났어요. 또 일부 전지 충전이 되지 않고, 이온 엔진을 너무 오래 써서 성능이 떨어지는 등 수많은 문제에 부닥쳤지요. 그러나 탐사선에 설치된 안전 기능과 지구로부터 받은 지원으로 매번 다시 일어섰답니다. 지구로 돌아올 때 샘플 캡슐을 분리하고 본체는 대기권에서 타 버린 하야부사의 마지막은 정말 감동적이었어요. 현재 하야부사가 가지고 온 이토카와의 샘플은 전 세계 연구자가 분석하고 있답니다.

하야부사 2호는 2014년 12월 발사 후 2019년 2월 소행성 류구(Ryugu) 착륙에 성공했으며, 2020년 12월 채취한 시료를 무사히 신고 지구에 도착했어요. 하야부사 1호가 소행성 표면의 입자를 가지고 돌아왔다면 하야부사 2호는 그에 더해 소행성 표면에 폭약으로 크레이터를 만들어 소행성 내부 입자를 채취하는 데 성공했어요.

> **유기물**
> 동물, 식물 등의 생명체를 이루고 있는 물질이에요.

예전부터 사람들은 생명의 재료에 빠지지 않는 **유기물**과 물이, 우주에서 지구에 어떻게 도달했는지 궁금해했어요. 하야부사 2호는 '생명의 기원'을 찾는 수수께끼의 해답에도 다가갈 것이라고 기대돼요.

미국 나사 탐사선인 오시리스-렉스도 2021년 5월 소행성 '베누'에서 채취한 토양 샘플을 갖고 지구로 출발하는 데 성공했고 2023년 9월 지구에 도착할 예정이에요. 대한민국의 첫 소행성 탐사 대상은 '아포피스'예요. 아포피스는 발견된 이래 꾸준히 지구와 충돌할지도 모른다고 알려진 소행성인데, 한국천문연구원은 2029년 탐사를 목표로 아포피스 탐사를 계획중이에요.

거대한 가스 행성과 얼음 행성들

토성에는
왜 고리가 있나요?

: 태양계 행성의 종류 :

이번에는 태양계 나머지 행성인 목성, 토성, 천왕성, 해왕성을 한꺼번에 소개합니다.

　지금까지 소개한 수성, 금성, 화성 그리고 지구는 주로 암석과 금속 등 단단한 재료로 이루어져 암석 행성(혹은 지구형 행성)이라고 불립니다.

　한편 목성과 토성은 암석과 물로 된, 지구의 10배 정도 크기의 단단한 중심부(코어) 주위에 대량의 가스를 두르고 있어요. 이러한 행성을 가스 행성(혹은 목성형 행성)이라고 해요. 또 천왕성과 해왕성은 주로 물과 메탄, 암모니아가 언 얼음으로 된 행성으로 얼음 행

── 화성~해왕성의 궤도 ──

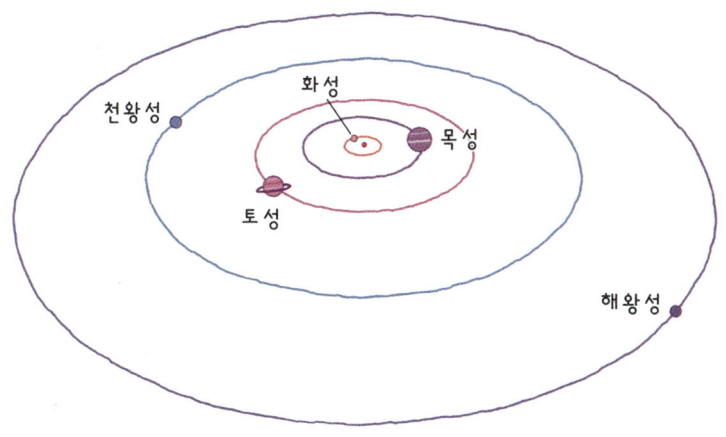

성(혹은 천왕성형 행성)이라고 하지요.

즉, 태양계 행성은 태양에 가까운 순으로 각각 재료가 다른 암석 행성, 가스 행성, 얼음 행성이랍니다. 이러한 차이는 태양계 행성이 어떻게 만들어졌느냐에 따라 생겨났어요. 자세한 설명은 나중에(123~124쪽) 할게요.

: 목성의 대적반과 토성의 고리 :

목성은 태양계에서 가장 큰 행성으로 지름은 지구의 약 11배, 질량은 지구의 약 320배나 됩니다. 목성을 망원경으로 관찰하면 표면에 줄무늬와 수많은 소용돌이가 보여요.

목성은 자전 속도가 빨라 약 10시간에 1회 회전해요. 그래서 표면에 초속 100미터 이상의 돌풍이 불고 그 돌풍이 줄무늬와 소용돌이를 만든다고 여겨져요.

목성 표면에서 가장 눈에 띄는 것은 대적반이라는 거대한 소용돌이로 지구가 2~3개나 들어갈 정도로 커요. 지구로 치면 태풍에 해당하는데 태풍이 **저기압**성 소용돌이인데 비해 대적반은 고기압성 소용돌이예요. 340년 전쯤에 발견되어 그 이후 쭉 없어지지 않고 모양을 유지하고 있지만 왜 소용돌이가 사라지지 않는지 이유는 잘 몰라요.

> **고기압과 저기압**
> 기압이 주위보다 높은 곳은 고기압, 주위보다 낮은 곳을 저기압이라고 해요.

목성 다음으로 큰 토성의 지름은 지구의 약 9배, 질량은 지구의 약 95배입니다. 토성의 특징은 뭐니 뭐니 해도 아름다운 고리지요. 고리는 폭이 20만 킬로미터나 되는데 두께는 단지 수백 미터밖에 되지 않아요. 고리는 얇은 판처럼 보이지만 실제로는 수센티미터에서 수미터의 얼음과 암석이 무수히 모여 마치 고리처럼 보이는 것이랍니다.

이 고리는 어떻게 생겨났을까요? 현재 토성 가까이에 있던 위성이 토성의 조석력(112쪽 설명)으로 파괴되어 고리의 재료가 되었다는 설이 유력합니다. 또 목성과 천왕성, 해왕성도 고리가 있는데 토성만큼 크지는 않아요.

토성의 바깥쪽을 도는 천왕성과 그보다 더 바깥쪽을 도는 해왕성은 지름이 모두 지구의 4배, 질량이 지구의 약 15배와 17배로 꼭 닮은 쌍둥이 같은 얼음 행성이에요.

수성에서 토성까지의 행성은 맨눈으로 관측할 수 있지만 천왕

계산으로 발견한 해왕성

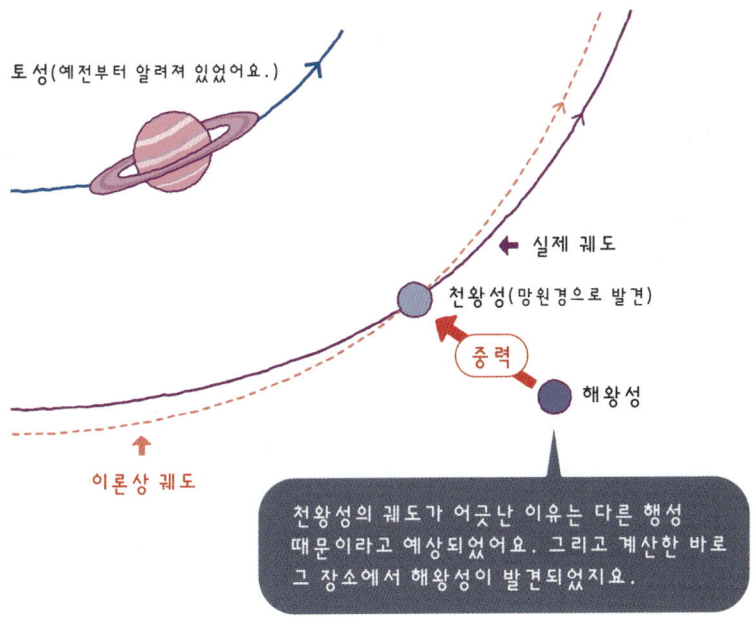

성은 인류가 망원경을 사용해 발견한 행성이지요. 240년 전, 독일 천문학자 프리드리히 허셜(1738~1822)이 천왕성을 발견했어요. 천왕성은 재미있게도 자전축이 공전면에 거의 수직이라서 옆으로 누운 상태로 자전한답니다. 천왕성이 생겨났을 때 다른 천체와 충돌해서 옆으로 눕게 되었다고 해요.

한편 해왕성은 인류가 미지의 행성이 있을 것이라고 예상해서 발견한 행성입니다. 천왕성 발견 후, 천왕성의 움직임을 관측하던 천문학자들은 천왕성이 예상과 다르게 움직인다는 사실을 알게 되었어요. 그들은 천왕성 바깥쪽에 다른 행성이 있어서 그 중력이 영향을 미치기 때문이라고 생각했어요. 영국의 존 애덤스(1819~1892)와 프랑스의 위르뱅 르베리에(1811~1877)가 미지의 행성 위치를 계산해 냈지요. 그리고 독일의 요한 갈레(1812~1910)가 실제로 그곳에서 해왕성을 발견했답니다.

: 목성과 토성의 위성에 바다가 있다? :

최근 목성과 토성 주위를 도는 위성들이 주목받고 있습니다. 그중에 생명이 존재할지 모른다고 사람들이 기대하는 곳이 있기 때문이에요.

화성 생명에 대한 설에서도 이야기했는데(97쪽) 생명이 존재하기 위해 꼭 필요한 것이 '액체 상태의 물'이에요. 하지만 목성과 토성은 태양에서 멀리 떨어져 있어 물이 완전히 얼어 있지요. 그래서 사람들은 목성과 토성에 액체의 물은 존재할 수 없다고 생각했어요. 그런데 목성과 토성의 위성 중에 표면을 덮은 얼음 아래 광대한 '바다'가 펼쳐져 있다고 예상되는 위성이 있어요.

그러한 위성은 목성과 토성이 미치는 거대한 조석력으로 심하게 흔들리고 있어요. 조석력이란, 예를 들어 지구에 달의 중력(인력)이 작용할 때 달에 가까운 쪽과 먼 쪽에서 중력의 강도가 달라 지구를 변형시키는 힘입니다. 이 힘에 의해 지구에서 **밀물과 썰물**이 생겨나므로 조석력(潮汐力[밀물 조, 썰물 석, 힘 력])이라고 해요.

액체 상태의 바다가 있는 천체는 목성의 위성인 유로파와 토성의 위성 엔셀라두스예요. 둘 다 표면은 얼음으로 덮여 있지만 그 아래에는 깊은 바다(내부해)가 있다고 생각되고 있어요. 그 바다에는 원시 생명이 존재할지도 모른답니다.

또 하나 토성의 위성 중 가장 큰 타이탄에도 사람들의 관심이 쏠리고 있습니다. 단, 타이탄에는 액체 물이 아니라 액체 메탄으로 된 강과 호수가 있어요.

천연가스의 주성분인 메탄은 지구에서는 주로 기체 상태로 존재해요. 그러나 표면 온도가 섭씨 영하 180도나 되는 엄청나게 추운 타이탄에서는 물이 아니라 메탄이 액체로 존재하지요. 지구에서 액체 물이 하는 역할을 액체 메탄이 한다면 '액체 메탄' 호수 속에 메탄을 주성분으로 하는 생명이 탄생했을지도 모른답니다.

이들 위성에 정말로 생명이 있는지는 탐사선을 보내 조사하지 않으면 알 수 없습니다. 그러나 화성보다 훨씬 먼 목성과 토성의 위성에 탐사선을 보내는 일은 쉽지 않아요. 미국이 목성과 토성 둘 중 하나에 생명 탐사를 목적으로 탐사선을 보내는 계획을 세우고 있지만 화성 유인 탐사 예산과의 균형 문제도 있어 실현될지는 아직 몰라요.

밀물과 썰물
태양과 달의 인력과 지구의 원심력으로 인해 바닷물의 높낮이가 달라지는 현상이에요. 해수면이 높아져 바닷물이 육지 쪽으로 들어오는 것을 '밀물', 반대로 해수면이 낮아져 바닷물이 바다 쪽으로 빠지는 것이 '썰물'이에요.

천연가스
석유와 함께 매장되어 있는 기체 상태의 가스로, 석유·석탄과 더불어 중요한 에너지 자원이에요.

거대 가스 행성의 위성에 생명이 있다?

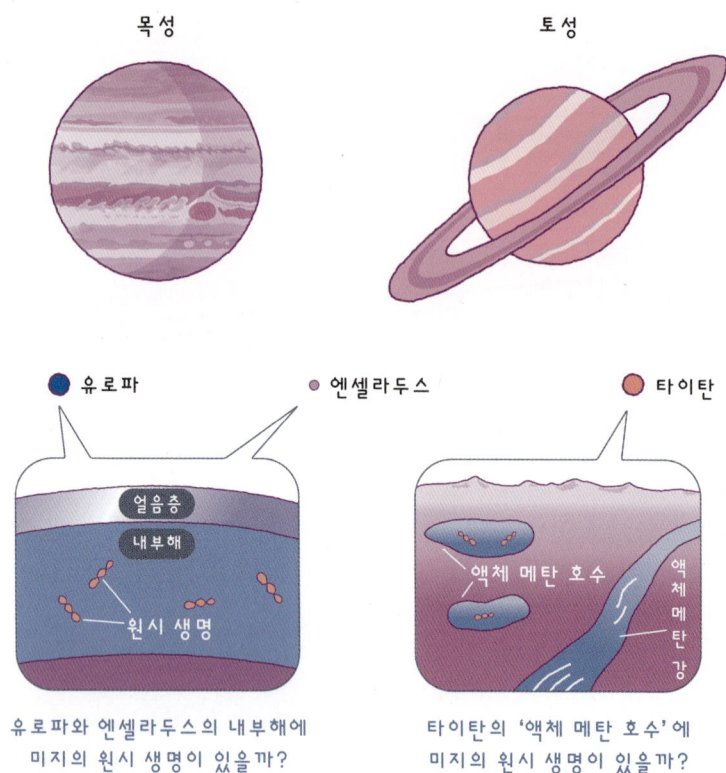

태양계를 둘러싼 무수히 작은 천체들

태양계 끝에는 무엇이 있을까요?

: 명왕성은 왜 행성이 아니게 되었을까? :

수성부터 해왕성까지 태양계 행성은 모두 8개인데 얼마 전까지는 '9번째 행성'이 존재했습니다. 바로 명왕성이에요.

천왕성의 움직임이 예상과 달라 학자들이 새로운 행성, 해왕성을 생각해 냈다고 111쪽에서 이야기했지요? 그런데 새로 발견된 해왕성의 움직임을 조사하자 해왕성 또한 예상과 달랐어요. 그래서 '화성 운하설'을 주장했던 로웰은 해왕성 바깥에도 미지의 행성이 있을 것이라고 예상했지요.

그리고 1930년, 미국 천문학자 클라이드 톰보(1906~1997)가 명왕성이 있으리라 예측했던 위치 근처에서 새로운 행성 명왕성을 발견했습니다. 그러나 명왕성은 예상보다 훨씬 작은 행성(지름 약 2,300킬로미터, 달의 반 정도)이어서 해왕성의 움직임에 영향을 줄 정도로 중력을 미치지는 못했어요. 나중에 해왕성의 움직임이 예상과 다른 이유가 해왕성의 크기를 착각했기 때문이라는 사실이 밝혀졌어요. 그러니까 명왕성이 예상 위치 근처에서 발견된 일도 완전히 우연이었던 것이죠.

하여튼 명왕성은 오랫동안 태양계 맨 끝의 9번째 행성으로 생각되었습니다. 그러나 명왕성에는 다른 행성과 다른 점이 많이 있었어요. 예를 들면 명왕성은 지구의 달보다 작은데 명왕성 곁에는 자신의 반이나 되는 커다란 위성 카론이 있었지요. 그리고 다른 행성은 궤도면이 거의 같은 평면상에 있는데 명왕성만이 거기서 벗어나 있었어요.

또 태양계 먼 바깥쪽 관측이 가능해지면서 명왕성 정도 크기의 천체가 여러 개 발견되었어요. 그래서 '명왕성만을 행성으로 특별 취급해도 좋은 걸까?' 하고 과학자들은 의문을 품기 시작했지요.

2006년 국제천문연맹 총회에서 대격론 끝에 명왕성은 행성에서 '탈락'하여 **왜소행성**으로 분류되었습니다. 처음에는 명왕성과 비슷한 크기 천체의 지위를 올려 태양계 행성을 전부 12개로 만들자는 제안이 있었어요. 그러나 천문학자들이 잇따라 반대하여 거꾸로 명왕성을 탈락시키기로 정했지요.

> **왜소행성**
> 행성 같아 보이나 행성보다 작은 태양계 천체로 왜행성이라고도 해요.

현재 세레스(지름 950킬로미터), 명왕성, 에리스(지름 2,400킬로미터), 마케마케(지름 1,300~1,900킬로미터), 하우메아(타원형 모양으로 제일 긴 쪽 2,000킬로미터) 등이 왜소행성으로 분류됩니다.

: 명왕성은 '거대한 혜성'이었다? :

> **천문단위**
> 천문단위는 지구와 태양과의 평균 거리를 말하며, 약 1억 5,000만 킬로미터입니다.

명왕성 같은 소천체는 해왕성 궤도 바로 바깥 수백 **천문단위**에 걸친 띠 모양 영역에 존재한다고 해요. 지금까지 1,000개 이상 발견되었고 대부분 물의 얼음으로 이루어졌으며 지름은 수백 킬로미터 정도예요.

미국 천문학자 케네스 에지워스(1880~1972)와 아일랜드 천문학자 제럴드 카이퍼(1905~1973)가 이러한 소천체들이 있을 거라고 예상해서 이 영역을 에지워스-카이퍼 벨트라고 해요. 또 그곳에 있는 소천체들을 에지워스-카이퍼 벨트 천체(영어 머릿글자를 따서 EKBO[에크보])라고 하고요.

에지워스와 카이퍼는 원래 핼리 혜성(74쪽) 같은 비교적 짧은 주기로 나타나는 혜성의 궤도를 연구했어요. 그들은 혜성의 '고향'이 태양계 주변부에 띠 모양으로 분포한다고 생각했지요. 즉, 에크보가 어떤 이유로 궤도를 바꿔 태양 가까이에 오게 된 것이 혜성인 것이죠. 따라서 명왕성은 그중에서도 거대한 혜성이라고 말할 수 있답니다.

── 에지워스-카이퍼 벨트 ──

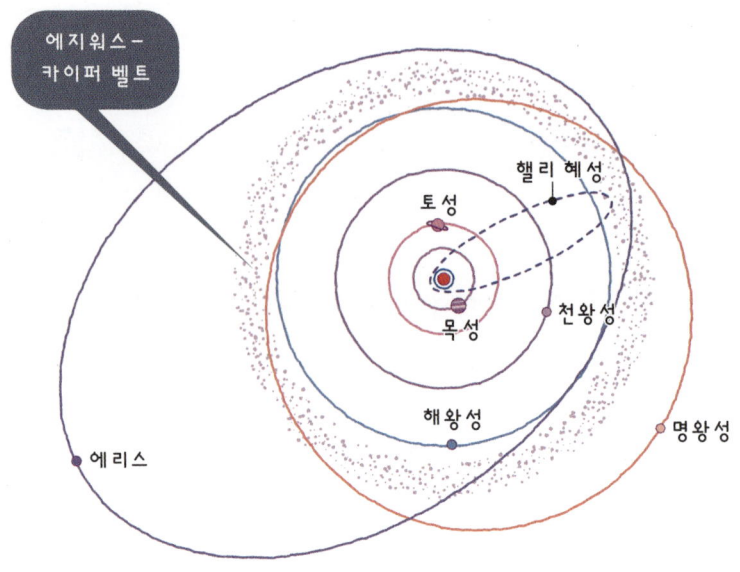

: 보이저 1호의 태양권 탈출 :

에크보에서 태어난 혜성 중 주기가 200년 이내로 짧은 것을 단주기 혜성이라고 합니다. 주기가 200년 이상이면 장주기 혜성이라 하고요. 혜성들의 '고향'은 태양을 감싸는 공 모양이며, 반지름 10만 천문단위(15조 킬로미터) 범위까지 퍼져 있다고 예상돼요. 이곳을 오르트 구름이라 하는데, 오르트 구름에는 무려 1조 개의 소천체가 있다고 해요.

단, 오르트 구름에 있는 천체는 너무 어두워 어떤 망원경으로도 관측할 수 없어요. 그러니까 진짜 존재하는지 분명히 확인할 수 없다는 말이지요. 만약 정말로 그 천체들이 존재한다면 태양계는 오르트 구름까지로 영역이 넓어지겠지요.

이와 별도로 '태양풍(75쪽)이 닿는 범위'까지를 태양계라고 표현하기도 해요. 2013년 9월, NASA는 탐사선 보이저 1호가 인공물로는 최초로 태양권(혹은 태양계권)을 탈출했다고 발표했습니다. 태양권이란 태양풍이 닿는 범위를 말해요.

1977년 발사된 보이저 1호는 목성과 토성, 천왕성 등을 통과한 후 태양권을 벗어났어요. 보이저 1호보다 조금 늦게 발사된 보이저 2호는 발사된 지 41년이 지난 2018년에 태양계를 벗어났지요.

보이저 호는 우리 태양계와 가장 가까운 이웃 항성(센타우루스자리 프록시마별)으로 향했을지도 몰라요. 그러나 그곳에 도착하려면 8만 년이나 걸린답니다. 우주 공간은 정말로 드넓군요.

태양계 끝을 향해

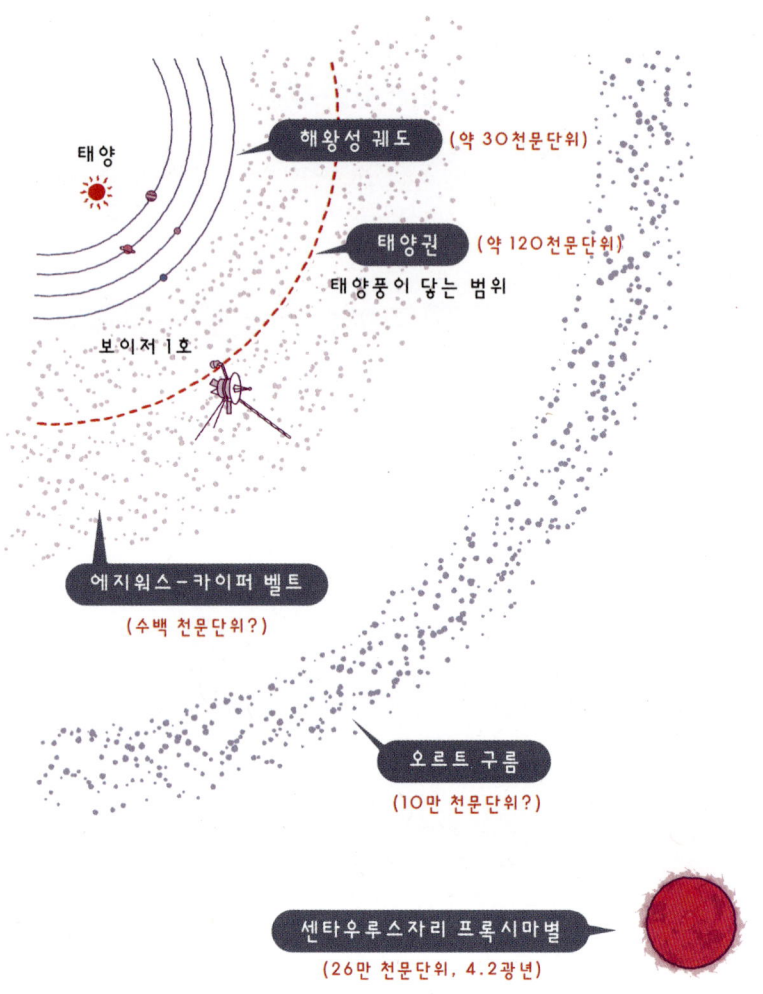

태양계 탄생의 드라마

태양, 지구, 행성은 어떻게 태어났나요?

: 태양계의 출발, 초신성 폭발 :

태양과 지구, 그리고 태양계 행성을 만든 재료는 우주를 떠도는 성간운이라는 가스와 먼지랍니다.

진공
공간에 공기 등 물질이 전혀 없는 것을 말해요.

우주는 **진공**이라고 하지만 실제로 항성과 항성 사이 우주 공간에는 가스(성간 가스)와 먼지(성간 티끌)가 굉장히 희박하게 존재합니다. 이러한 가스와 먼지가 주위에 비해 많은 부분을 성간운이라고 해요. 또 성간운 속에서 밀도가 100배 정도 높은 부분을 분자운이라고 하고요.

지금부터 46억 년 전, 항성의 대집단인 우리은하 안에서 거대한

원시 태양과 원시 태양계 원반

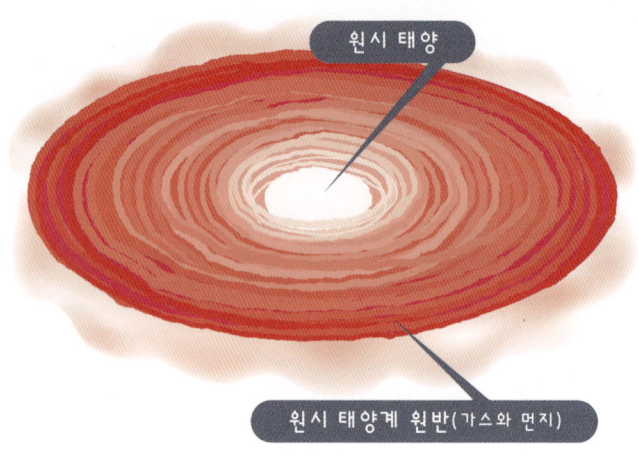

항성이 수명을 다해 대폭발즉, 초신성 폭발을 일으켰어요. 그 충격으로 근처에 있던 분자운이 찌그러져 수축을 시작했지요. 이 분자운의 수축이 우리 태양계의 시작이라고 생각되고 있답니다.

이때 분자운은 회전하면서 점점 평평한 원반처럼 되어 가요. 처음에는 천천히 수축하지만 마침내 자신의 중력에 의해 빠른 속도로 수축이 진행되지요. 마지막으로 중심 부분에 무거운 가스 덩어리가 생기고 주위에 얇은 가스와 먼지 원반이 생깁니다. 중심 부분을 원시 태양, 주변의 가스 원반을 원시 태양계 원반이라고 해요.

'아기 태양'인 원시 태양은 현재의 태양보다 훨씬 커다랗지만 온도는 아직 섭씨 1,000도 정도밖에 되지 않아요. 그 후, 원시 태양은 1,000만 년 정도의 긴 시간 동안 더욱 수축하며 온도가 높아져 가요. 그리고 중심온도가 1,500만 도가 되자 수소의 핵융합 반응이 시작되어 '어른 별(주계열성)'이 된 것이랍니다.

: 지구 같은 암석 행성은 어떻게 생겨났을까? :

이번에는 원시 태양계 원반 속에서 태양계 각 행성이 태어나는 모습을 설명할게요.

원시 태양계 원반의 가스 속에 떠 있던 작은 티끌은 원반의 중앙면(적도면)에 가라앉아 밀도가 높은 층을 만듭니다. 그 층은 마침내 부서져 산산조각 나 무수한 조각들이 만들어졌어요. 조각들은 자신의 중력으로 모여 지름 수킬로미터의 단단한 덩어리가 되었고요. 이 덩어리를 미행성이라 해요. 원시 태양에 가까운 미행성은 태양열 때문에 얼음이 증발해 암석과 금속이 주성분이 됩니다. 이 경우의 '얼음'은 물의 얼음뿐 아니라 메탄과 암모니아가 고체로 된 상태도 포함해요.

한편 원시 태양에서 먼 미행성에는 얼음이 무척 많았어요. 이러한 미행성 성분의 차이가 나중에 행성을 이루는 성분의 차이를 낳게 되었죠. 그리하여 수많은 미행성은 원시 태양의 주위를 돌면서 충돌과 합체를 반복하며 차차 커져 갑니다. 그중에서 커다란 것들이 점점 성장해 원시 행성이 탄생했어요.

원시 행성은 주위의 미행성을 더욱 끌어당겨 점차 커져 갔지요. 원시 태양에 가까운 곳에서는 약 100만 년에 지구 질량의 10분의 1 정도의 원시 행성이 100여 개 만들어졌어요. 그러자 이번에는 100개의 원시 행성끼리 충돌, 합체를 시작해 나중에 수성, 금성, 지구, 화성이 되는 원시 행성만이 성장해 갔어요. 이들 원시 행성은 암석과 금속으로 이루어진 미행성으로 만들어져 모두 암석 행성이 되었답니다.

: 가스 행성과 얼음 행성은 어떻게 생겨났지? :

한편 태양에서 먼 곳에서는 암석과 금속뿐 아니라 얼음이 많은 미행성이 존재했어요. 이들 미행성 역시 서로 충돌, 합체하여 원시 행성이 많이 생겨납니다. 대략 1,000만 년 동안 지구 2배 정도 질량의 원시 행성이 많이 만들어졌답니다.

원시 행성끼리 계속 합체하여 지구보다 10배 무겁게 커지면 그

원시 태양계 원반에서 행성이 생기기까지

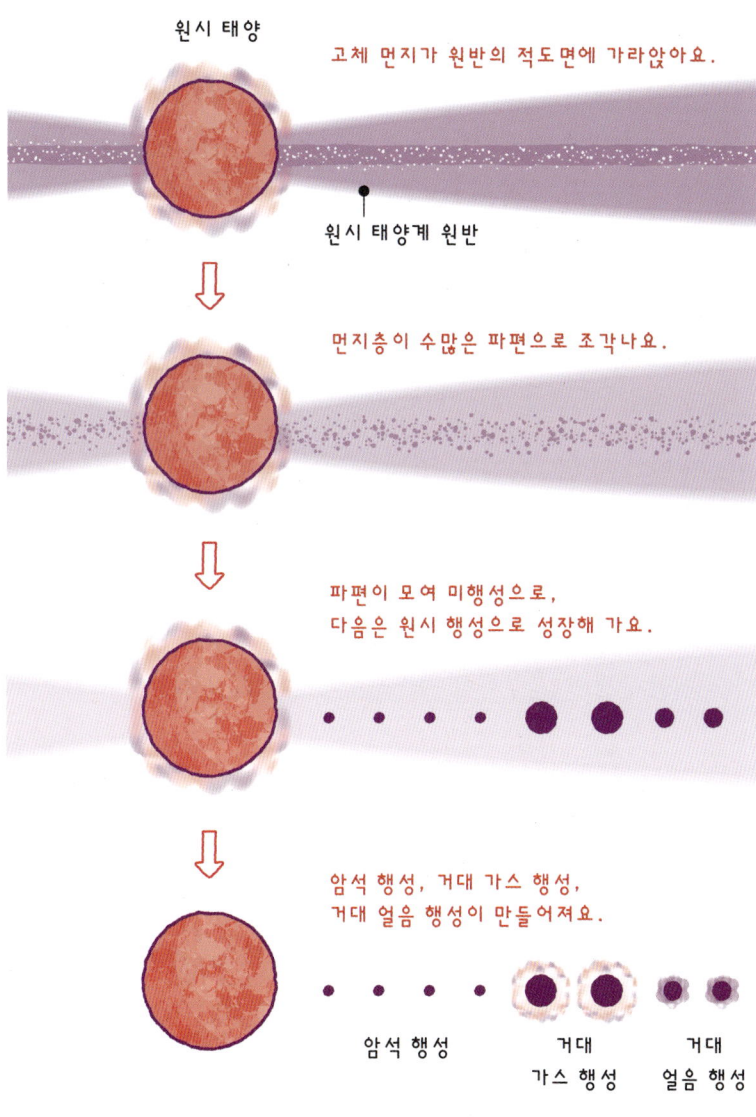

중력으로 끌어당겨진 주위의 가스를 두껍게 두르게 됩니다. 이렇게 지구의 320배 질량인 거대한 가스 행성, 목성이 탄생했어요.

　목성이 태어났을 무렵 나중에 토성이 되는 원시 행성의 질량이 지구의 10배 정도 되어 주위의 가스를 끌어당기기 시작해요. 이 무렵에는 원시 태양계 원반 안에 가스가 상당히 퍼져 있었어요. 그래서 토성은 목성만큼 많은 가스를 두르지 않고 지구의 90배 질량에서 성장이 멈추었지요. 천왕성과 해왕성이 생겼을 때에는 주위에 가스가 거의 없어져서 가스를 두르지 않은 얼음 행성이 되었답니다.

　현재의 화성과 목성 사이에도 미행성이 많이 있었어요. 하지만 거대한 가스 행성 목성이 생기자 목성의 강한 중력으로 미행성의 속도가 빨라졌지요. 빨라진 미행성들은 서로 충돌해도 합쳐지지 않고 부서지고 흩어져 소행성이 되었다고 해요. 또 미행성의 일부는 목성의 중력으로 태양계 끝으로 날아가 혜성이 되었고요.

　이렇게 우리 태양계가 생겨났습니다. 분자운의 수축부터 지금 같은 태양계가 생길 때까지 1억 년 정도 걸렸다고 해요.

태양과 지구의 미래 모습

태양도
언젠가 죽고 말까요?

: 60억 년 후에 태양은 엄청나게 커져 지구를 삼킨다? :

앞 장에서는 태양과 태양계 행성이 어떻게 태어났는지 이야기했어요. 인간과 모든 생물체에게는 '태어남'과 '죽음'이 있지요. 그럼 태양과 지구에도 '죽음'이 있을까요?

태어나서 약 46억 년이 지난 현재의 태양은 인간으로 말하면 40세 정도, 한창 일할 때의 어른이라고 할 수 있어요. 태양 중심부에서는 수소를 태워 헬륨을 만드는 핵융합 반응이 일어나요(85쪽). 이 핵융합 반응은 대량의 에너지를 효율적으로 만들어 내는 방법이랍니다. 앞으로 60억 년 정도는 이러한 상태가 지속되리라고 예상돼요.

60억 년이 지나면 태양은 연료인 수소를 거의 다 써 버려요. 그러면 점차 거대해져 적색 거성이라는 별이 되지요. 태양이 얼마나 커질지는 정확히 알 수 없지만 어떤 계산으로는 현재의 200배에서 300배 정도까지 부풀 것이라고 해요.

그렇게 되면 수성과 금성은 거대해진 태양에 잡아먹혀 증발해 버려요. 지구는 아슬아슬하게 태양에 먹히지 않을지도 몰라요. 하지만 커진 태양 표면이 지구 궤도의 바로 옆까지 오므로 태양빛에 바싹 탄 '이글거리는 죽음의 행성'이 되겠지요.

그런데 지구는 그보다 더 빨리 온도가 높아질 수도 있어요. 왜냐하면 태양이 점점 밝아지고 있기 때문이에요. 45억 년 전 태양이 핵융합을 시작했을 때는 태양의 밝기가 지금의 70퍼센트 정도였어요. 태양은 조금씩 밝아져 10억 년 후에는 현재보다 10퍼센트 더 밝아질 것이라고 해요. 그러면 지구가 태양으로부터 받는 에너지 양도 늘어나 지구의 기온이 점차 상승합니다. 마침내 바다가 마르기 시작하고 대기 중의 수증기가 늘어나게 되지요.

그러면 보온 효과가 높아져 기온은 더욱 올라요. 이렇게 수십억 년이 흐르면 지구는 현재의 금성 같은 뜨거운 행성으로 변하고 말겠지요. 우리 후손들은 그렇게 되기 전에 지구를 떠나 다른 천체, 예를 들면 목성이나 토성의 위성 등으로 이주해야 할 거예요.

거대해진 태양

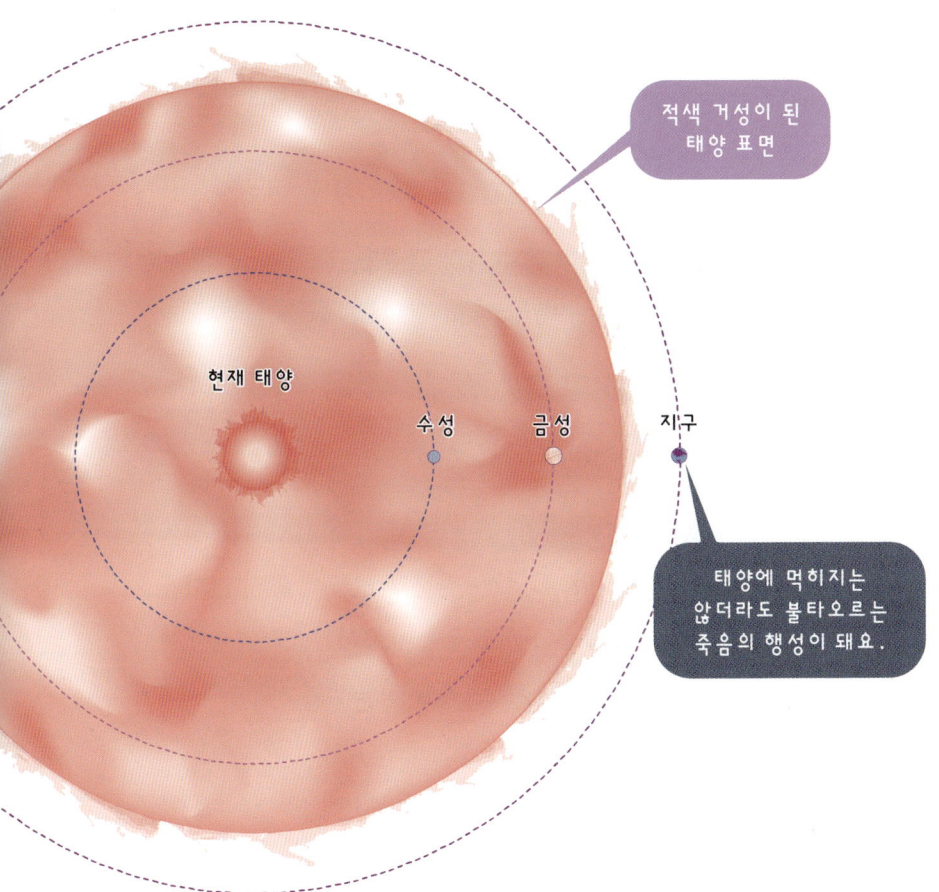

: 드디어 태양이 다 타고 고요히 죽어 간다니! :

적색 거성이 된 후 10억 년이 흐르면 태양 속에서는 새로운 핵융합이 시작됩니다. '타고 남은 찌꺼기'가 되었을 헬륨에서 탄소와 산소를 만들어 내는 핵융합이에요.

이 새로운 핵융합은 반응이 빨리 진행되어 1억 년이면 헬륨도 다 써 버려요. 그러면 이제 연료가 없어진 태양은 대량의 가스를 내뿜으며 중심 부분이 급속히 수축해 가요. 그리고 최후에는 지구만 한 크기의 고온, 초고밀도의 별이 되어 하얗게 빛나지요. 이것을 백색 왜성이라고 합니다.

백색 왜성이 된 태양 주위에는 방출된 가스가 태양에서 나온 자외선을 받아 형광등처럼 밝게 빛나요. 이렇게 가스가 퍼지는 모습을 행성상 성운이라고 합니다. 옛날, 망원경의 성능이 좋지 않았을 때 이 성운이 마치 태양계 행성처럼 둥글게 보여서 '행성상(행성 모양)'이라는 이름이 붙었지요. 하지만 실제로는 행성과 아무런 관계가 없어요.

백색 왜성이 된 태양 안에서는 더 이상 핵융합이 일어나지 않아 태양은 천천히 식어 갑니다. 이것이 '태양의 죽음'이에요. 태양은 이렇게 평온하게 죽어 가지만 태양보다 훨씬 무거운 항성은 최후에 초신성 폭발(71쪽)을 일으키며 '격렬한 죽음'을 맞아요.

그리고 천천히 식어 가는 태양에서 아득히 먼 곳에서는 태양에 먹히지 않은 행성이 수십억 년, 수백억 년이나 조용히 공전을 계속하고 있겠지요.

75억 년 후의 태양계 모습

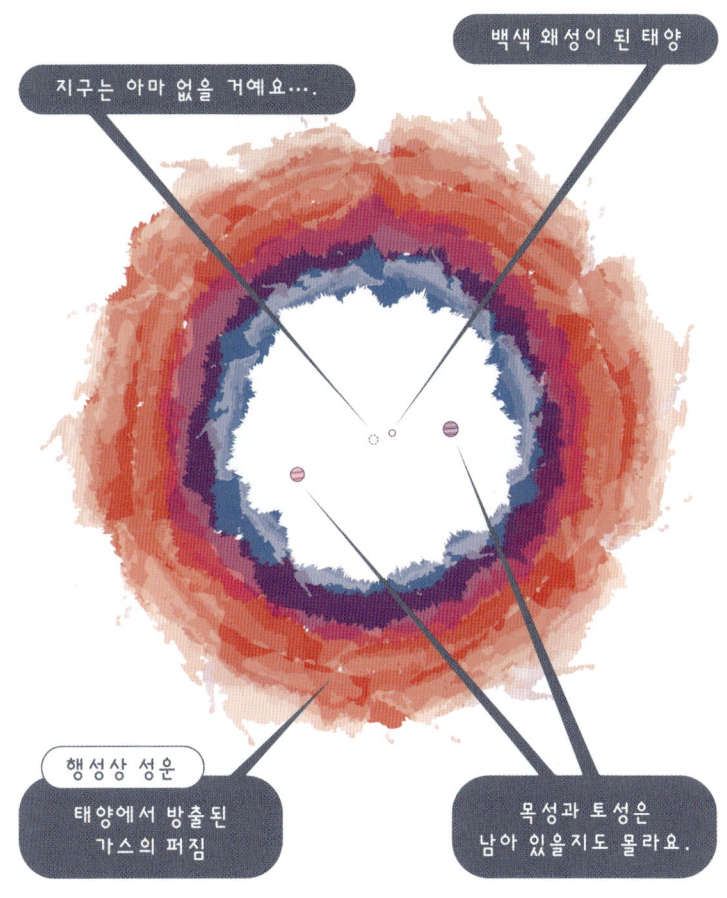

제3장

항성과 은하 우주의 불가사의

저 멀리 먼 우주에는 도대체 무엇이 있을까?

별의 거리 재기

별까지의 거리는 어떻게 재나요?

: 태양계 가까이에는 어떤 별이 있을까? :

우리들 태양계 바깥에는 별(항성)이 드문드문 흩어진 광대한 공간이 펼쳐져 있습니다.

태양에서 가장 가까운 항성은 센타우루스자리 프록시마별로 태양에서 4.2광년 거리에 있어요. 이 별은 굉장히 밝은 1등성인데 아쉽게도 한국에서는 보이지 않아요.

태양에서 10광년까지의 거리에는 10개 정도의 항성이 있어요. 이는 태평양에 수박이 뚝, 뚝 2개나 3개 떠 있는 정도의 간격이지요. 우주 안에 별은 이렇게 드문드문 존재한답니다.

그런데 별의 밝기가 같아도 멀리 있으면 어둡게 보이고 가까이

태양계 가까이 있는 대표적 항성

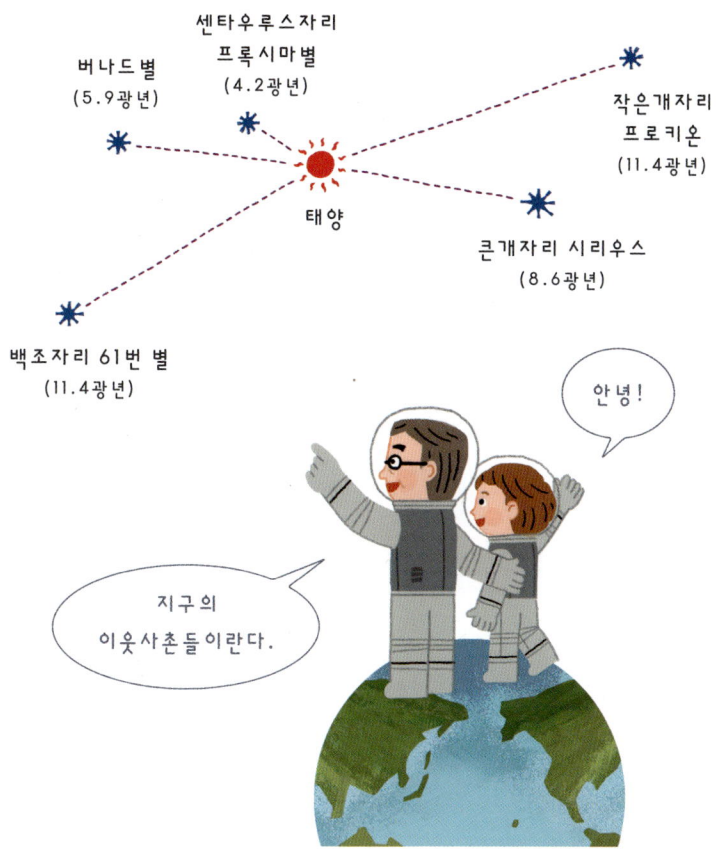

있으면 밝게 보여요. 반대로 그렇게 밝지 않은 별이어도 지구에서 가까운 곳에 있으면 밝게 보이고요.

예를 들면 큰개자리 1등성 시리우스는 태양을 빼면 온 하늘에서 가장 밝게 보이는 항성(-1.5등급)이에요. 시리우스는 태양보다

20배 이상 밝은 별인데 우주에는 더 밝은 별도 많이 있지요. 하지만 시리우스가 가장 밝게 보이는 이유는 태양계에서 5번째로 가까운 항성이기 때문이랍니다.

밤하늘에 밝게 보이는 별의 대다수는 우리들 가까이에 있는 별이에요. 가깝다고 해도 수십 광년, 수백 광년이나 떨어져 있지만 넓은 우주를 통틀어 보면 이 정도 거리는 '이웃사촌'이랍니다.

: 시차가 뭐예요? :

손이 닿지 않는 먼 별까지의 거리를 도대체 어떻게 재는 걸까요? 별뿐 아니라 멀리 떨어진 사물까지의 거리를 잴 때에는 시차를 이용한답니다.

시차란 '어떤 사물을 떨어진 두 곳의 장소에서 볼 때의 방향(각도)의 차이'를 말합니다. 예를 들면 얼굴 앞에 손가락을 들고 양쪽 눈 중 한쪽을 감고 보면, 손가락과 배경 풍경의 위치는 오른쪽 눈과 왼쪽 눈일 때 크게 변하지요. 바로 좌우 눈 사이의 시차 때문이에요. 가까이에 있는 것일수록, 또 두 곳이 많이 떨어져 있을수록 시차가 커져요. 시차의 크기와 두 곳 사이의 거리를 알면 멀리 있는 사물까지의 거리를 계산해서 구할 수 있답니다.

그런데 항성은 너무나 멀리 있잖아요? 이런 먼 별은 지구상에서 아주 멀리 떨어진 두 장소에서 봐도 시차는 거의 잴 수 없어요. 이때는 지구가 태양 주위를 공전한다는 사실을 이용해서 1년에 두 번 별을 관측하지요. 그러면 태양을 사이에 둔 양측에서 별을 볼 때의

연주 시차란?

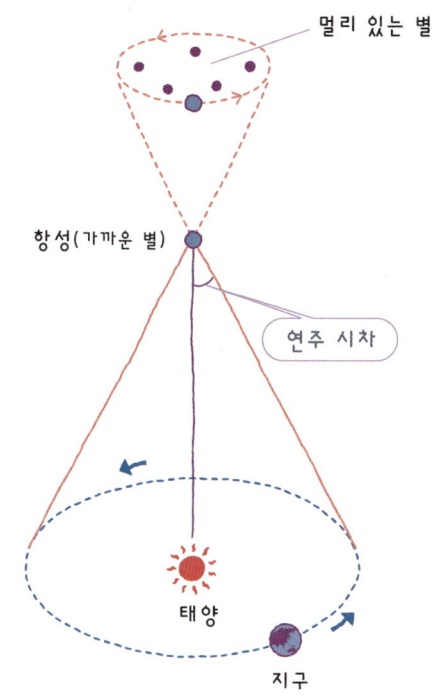

시차를 구할 수 있어요. 이 시차를 연주 시차라고 해요.

하지만 태양에서 가장 가까운 센타우루스자리 프록시마별이어도 연주 시차는 1도의 5,000분의 1밖에 되지 않아요. 망원경을 사용해 겨우 측정할 수 있을 만큼 아주 적은 시차이지요.

: 먼 별의 거리는 어떻게 잴까? :

연주 시차로 거리를 잴 수 있는 별은 대략 3,000광년 이내에 있는 별이에요. 지구에서 눈으로 보이는 별은 대부분 이 방법으로 거리를 구할 수 있답니다.

그러면 연주 시차를 계산할 수 없을 만큼 먼 별까지의 거리는 어떻게 잴까요? 여러 방법 중에 별빛의 색으로 별 본래의 밝기를 추측하는 방법이 있어요.

보통 붉은 별일수록 어둡고 오렌지색이나 황색 별은 밝으며 청백색 별은 매우 밝아요. 그럼 푸르고 어두운 별이 있다고 쳐요. 푸른 별은 원래 밝아야 하는데 어둡게 보이는 이유는 그 별이 멀리 있기 때문이죠. 이런 방법으로 별까지의 거리를 측정하는 방법을 분광시차법이라고 해요. 별빛 색과 별의 여러 가지 성질의 관계는 다음 쪽에서 자세히 설명할게요.

먼 별이나 은하까지의 거리를 재는 일은 매우 어려워서, 미세한 관측 오차로도 커다란 거리의 차이가 발생해요. 그러므로 천문학자들은 밤낮을 가리지 않고 '우주 지도 만들기'에 애쓰고 있답니다.

별의 스펙트럼형

색에 따라 별의 성격이 다르다고요?

: 별마다 색이 다른 이유는 뭘까? :

밤하늘의 별을 보면 별빛에는 '색'이 있다는 것을 알 수 있어요. 예를 들면 앞서 말했던 시리우스는 청백색 별이에요. 한편 오리온자리 1등성 베텔게우스는 붉은빛을 내뿜고 있지요. 항성마다 왜 색이 다를까요?

별의 색깔은 항성의 표면 온도에 따라 정해집니다. 일반적으로 표면 온도가 높은 별은 청백색으로 보이고 온도가 낮은 별은 붉은색으로 보여요. 시리우스의 표면 온도는 섭씨 1만 도 정도, 베텔게우스는 섭씨 4,000도 정도예요. 우리 태양은 표면 온도가 섭씨 6,000도인 중간 온도 항성이어서 황색으로 보인답니다.

그렇다면 표면 온도의 차이는 어째서 생기는 걸까요? 바로 별의 질량에 따라 온도가 다르기 때문이랍니다. 무거운 별은 중심부에서 일어나는 핵융합 반응이 활발해 발생하는 에너지가 커지고 표면 온도가 올라 청백색으로 보여요. 반대로 가벼운 별은 표면 온도가 낮지요.

단, 늙은 별은 젊을 때의 몇백 배나 크게 부풀어 올라요. 그러면 별의 표면 온도가 낮아져 거대한 붉은 별이 되지요. 이것이 적색 거성(129쪽)이며 베텔게우스의 정체는 바로 이 적색 거성이랍니다.

: 스펙트럼형으로 별의 성격을 알 수 있다? :

앞에서 태양빛에는 여러 가지 색의 빛이 포함되어 있다고 이야기 했지요? 우리가 태양을 보고 노랗다고 생각하는 이유는 그 빛 속의 노란빛이 가장 강하기 때문이에요. 이는 항성 빛도 마찬가지여서 시리우스도 베텔게우스도 그 빛을 분석하면 마찬가지로 여러 색의 빛을 품고 있어요. 그중에서 가장 강한 빛의 색을 우리 눈이 '별의 색'이라고 인식하는 것이랍니다.

빛의 색은 빛의 파장(**파동** 1개분의 길이)에 따라 달라져요. 무지개 색으로 말하면 빨간빛은 파장이 길고, 주황, 노랑, 초록, 파랑, 남색, 보라 순서로 파장이 짧아집니다. 그리고 파장이 짧은 빛일수록 빛이 가지는 에너지가 강해져요.

> **파동**
> 물질의 한 곳에서 생긴 진동이 사방으로 퍼져 나가는 것으로 물결파, 소리, 전파, 지진파 등이 있어요.

무거운 별은 표면 온도가 높고 더 강한 에너지의 빛을 내뿜지요. 그래서 붉은 빛보다 강한 에너지의 푸른빛을 많이 방출해요. 그 푸른빛이 우리 눈에 닿을 때 우리는 푸른색 별이라고 인식한답니다.

어떤 빛 속에 어떤 색(파장)의 물질이 얼마나 들어 있는지 조사한 것을 빛의 스펙트럼이라고 해요. 스펙트럼이란 서로 섞인 것을 나눈다는 뜻입니다. 천문학자들은 여러 별의 스펙트럼을 분석해 특징에 따라 항성을 몇 가지 종류로 분류했어요. 이를 별의 스펙트럼형이라고 해요.

항성의 스펙트럼형에는 O형, B형, A형, F형, G형, K형, M형의 일곱 종류가 있어요. 혈액형에 따라 사람의 성격이 다르다는 속설이 있지요? 그런데 별의 스펙트럼형은 별의 성격(특징)을 확실히 나타내고 있어요. O형은 표면 온도가 가장 높고 푸른색인 무거운 별이에요. 표면 온도는 B형, A형, F형 순서로 내려갑니다. 태양은 그다음 G형에 속하는 황색 빛을 내는 별이에요.

표면 온도가 더 낮은 별이 K형이고 마지막 M형은 표면 온도가 가장 낮고 붉게 보이는 별이지요.

별의 질량과 수명의 관계

우리가 모두 별 조각에서 태어났다고요?

: 별의 수명은 무엇으로 정해질까? :

앞서 별의 색을 결정하는 것은 별의 표면 온도이고 표면 온도는 별의 질량과 관계 있다고 이야기했어요. 별의 질량은 실은 별의 일생마저 결정합니다. 한마디로 별의 질량이 무거울수록 별의 수명은 짧아요.

무거운 별일수록 연료인 수소 가스의 양이 많아 수명이 길 것 같지만, 실제는 그 반대입니다. 무거운 별일수록 중력이 강해 중심부 온도가 높아져 핵융합 반응이 격렬히 진행돼요. 그 때문에 수소 가스를 마구 소비해 버린 결과, 수명이 줄어든답니다.

예를 들면 태양과 같은 G형 별은 수명이 대략 100억 년 정도입니다. 이에 비해 표면 온도가 가장 높고 무거운 O형 별의 수명은 겨우 수백만 년밖에 되지 않아요. 반대로 표면 온도가 가장 낮고 가벼운 M형 별의 수명은 1조 년 이상이나 된답니다.

: 태양보다 훨씬 무거운 별의 죽음은? :

별 질량의 차이는 수명뿐 아니라 별의 '죽는 방법'에도 영향을 끼쳐요.

태양의 '죽음'에 대해서는 앞에서 이야기했지요? 태양은 지금부터 대략 60억 년 후(태양이 탄생하고 100억 년쯤 지나면) 연료인 수소를 거의 다 태워 버립니다. 그러면 현재 크기의 200~300배 거대한 적색 거성이 되지요. 적색 거성이 되고 나서 10억 년 정도 지나면 이번에는 헬륨이 핵융합 반응을 시작해 탄소와 산소가 만들어져요.

1억 년쯤 후, 이 반응이 끝나면 태양에는 더 이상 연료가 없어져요. 이제 태양은 대량의 가스를 내뿜으며 급속히 수축해 지구만 한 크기의 고온, 초고밀도의 별, 백색 왜성이 됩니다. 그리고 수백억 년에 걸쳐 천천히 식어 가지요. 태양보다 8배까지 무거운 별은 이러한 '온화한 죽음'을 맞아요.

한편 태양보다 대략 8배 이상 무거운 별은 중력이 강해 중심부가 매우 고온이 됩니다. 그래서 탄소나 산소도 핵융합 반응을 일으켜 새로운 물질이 만들어지고 마지막으로 철이 만들어져요.

철은 매우 안정된 물질로 더 이상 핵융합 반응은 일어나지 않아요. 무거운 별의 중심부에 철이 만들어져 완전히 연료가 떨어지면 에너지가 생겨나지 않아 중심부는 수축하기 시작합니다. 수축하면 온도가 올라 철은 원자로 분해되지요. 그때 대량의 에너지가 사용되므로 중심부는 더욱 빨리 수축하고요.

원자로 부서진 철은 **중성자**라는 미립자로 변해요. 또 철이 부서질 때 **뉴트리노**라는 입자가 방출되어 별 바깥의 가스를 불어 날려 대폭발을 일으키지요. 이것이 이미 여러 번 이야기했던 초신성 폭발이랍니다.

> **중성자**
> 양성자와 함께 원자핵을 이루는 핵자의 하나로 전하를 띠지 않아요.

폭발 후 몇 달은 매우 밝고 마치 새로운 별이 태어난 것 같아서 '초신성'이라는 이름이 붙었어요. 하지만 실제는 무거운 별이 죽음에 이를 때의 대폭발이지요.

> **뉴트리노**
> 중성자가 양성자와 전자로 붕괴될 때에 생기는 소립자로 중성미자라고도 불러요.

초신성 폭발 후에는 거의 중성자만으로 만들어진 중성자별이 남아요. 중성자별은 지름이 겨우 10킬로미터인데 질량이 태양과 같을 정도로 매우 고밀도의 별입니다.

: 우리들은 별 조각에서 태어났다? :

우리 인간의 몸은 수소, 탄소, 산소, 질소, 칼슘, 황, 인, 철 등의 여러 물질(원소)로 이루어져 있습니다. 이중 수소를 뺀 모든 원소는 무거운 별 속에서 핵융합으로 만들어졌어요.

지금부터 138억 년 전, 막 태어난 우주에는 수소와 헬륨이라는 가벼운 원소밖에 없었어요. 그러다가 수소 가스가 한데 모여 둥글

적색 거성의 최후

태양보다 대략 8배 이상 무거운 별
(적색 거성의 최후)

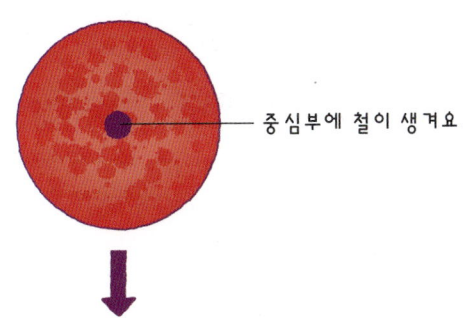

중심부에 철이 생겨요.

초신성 폭발이 일어나요.

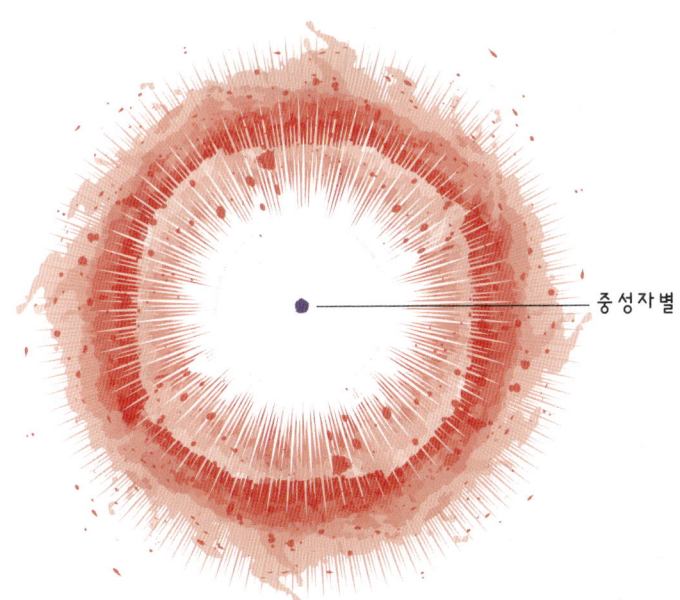

중성자별

게 뭉쳐지고 온도가 올라 별이 탄생합니다.

그리고 무거운 별 속에서 탄소나 산소가 만들어지고 초신성 폭발로 우주 공간에 퍼지게 되지요. 우주 공간의 가스와 먼지는 오랫동안 다시 모여 마침내 또 다른 별이 탄생하고요. 이렇게 우주에서는 별의 탄생과 죽음이 반복되어 왔답니다.

별(항성) 주위에는 행성이 생겼어요. 그러한 행성의 하나가 우리가 사는 지구입니다. 근육을 만드는 탄소와 산소, 질소, 황과 인, 뼈를 만드는 칼슘, 혈액 속의 철 같은 원소는 모두 원래 별 속에서 만들어진 거예요. 그러니까 우리들은 '별 조각'에서 태어났다고 할 수 있답니다.

: 블랙홀은 어떤 천체일까? :

태양보다 대략 40배 이상 무거운 별은 또 다른 '별의 죽음'을 맞습니다. 무거운 별이 초신성 폭발을 일으키면 그 중심핵은 작고 단단한(고밀도) 중성자별이 되어 남아요.

그런데 별의 질량이 태양보다 40배나 크면 중심핵이 커서 중력이 매우 강해요. 단단한 중성자별이 되어도 그 중력을 견딜 수 없고요. 그래서 끝없이 찌부러져 가다가 마지막에 블랙홀이 된답니다.

블랙홀은 중력이 너무 강해 빛도 빠져나올 수 없는 천체를 말해요. 보통 천체는 안에 '물질'이 가득 차 있지만 블랙홀에는 물질이 존재하지 않아요. 일단 잡아먹히면 두 번 다시 탈출할 수 없는, 허공에 둥실 뜬 빈 구멍(단, 2차원 구멍이 아니라 3차원 구형의 '구멍')

블랙홀

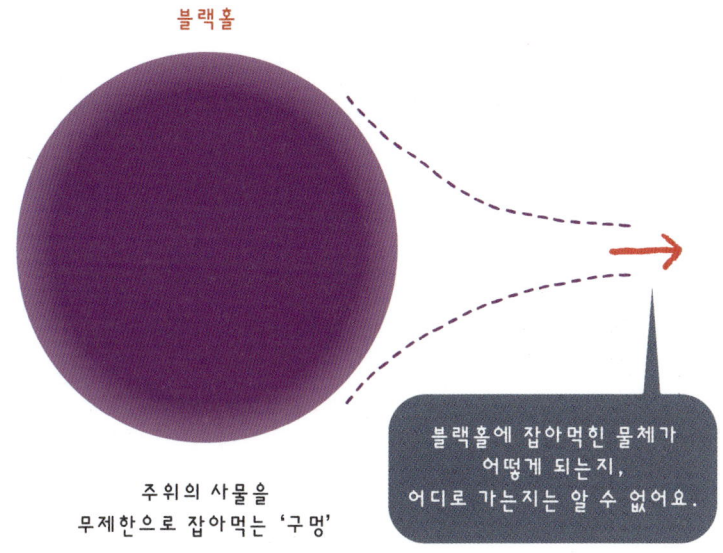

같지요.

블랙홀에 잡아먹힌 물체가 어떻게 되고 어디로 가는지는 현대 과학으로도 풀지 못하는 미스터리랍니다.

2,000억 개 항성의 대집단

저 멀리 거대한 은하의 모습을 어떻게 알 수 있어요?

: 우리은하에는 별이 몇 개나 있어요? :

항성은 우주 안에 균등하게 흩어져 있지 않고 집단을 만들어 한데 모여 존재하고 있어요. 이러한 항성들의 집단을 은하라고 해요. 우리 태양은 항성이 약 2,000억 개나 모인 우리은하(혹은 은하수 은하)의 일원입니다.

쌀 1홉(약 180밀리리터)에는 약 6,500개의 쌀알이 들어 있어요. 그럼 25미터 수영장(세로 25미터×가로 12미터×높이 1.2미터로 계산)에 쌀을 집어넣으면 대략 130억 알이 되고요. 130억 알의 약 15배, 즉 쌀알을 가득 넣은 25미터 수영장을 15개나 꽉 채운 쌀알이 2,000억 개랍니다. 우리은하가 엄청난 수의 항성 집단이라는 것을 알겠지요?

: 우리은하는 어떤 모양일까? :

우리은하는 크게 세 부분으로 나눕니다. 첫 번째는 지름 약 10만 광년, 두께 약 5,000광년의 원반 모양 부분으로 은하 원반이라고 해요. 은하 원반은 별과 가스, 먼지로 이루어졌고, 우리은하 안의 대부분의 별이 이곳에 존재하지요. 태양도 마찬가지로 은하 원반에 있고, 그 위치는 우리은하 중심에서 약 2만 6,100광년 정도 떨어진 곳이에요. 은하 원반의 안쪽에서 우리은하를 바라보면 별들이 우리들을 둘러싼 띠처럼 늘어선 은하수가 보인답니다.

우리은하의 원반을 바깥에서 보면 아름다운 소용돌이처럼 보일 거예요. 이 소용돌이를 팔(나선팔)이라고 하는데 여기에 별들이 많이 모여 있어요. 우리은하에는 커다란 팔이 4개 있고요. 태양은 4개의 큰 팔이 아닌 오리온 팔이라는 작은 팔 안에 있답니다.

우리은하의 두 번째 부분은 은하 중심에 별이 밀집해서 둥글게 부푼 곳으로 벌지라고 불러요. 벌지의 크기는 지름 약 1만 5,000광년, 중심부 두께는 약 3,000~4,000광년입니다.

은하 원반에는 비교적 젊은 별과 별을 만드는 재료인 성간 물질(가스와 먼지)이 많이 있어요. 한편, 벌지에는 100억 살 정도의 늙은 별이 많이 있지요. 그리고 벌지 중심에는 강력한 전파원이 있어요. 그곳에는 태양보다 400만 배나 무거운 엄청나게 거대한 블랙홀이 존재하리라고 여겨진답니다.

그리고 세 번째 부분이 은하 원반과 벌지를 감싸듯이 퍼진 공 모양 영역으로 헤일로라고 합니다. 헤일로에는 매우 늙은 별의 집

위에서 본 우리은하(상상도)

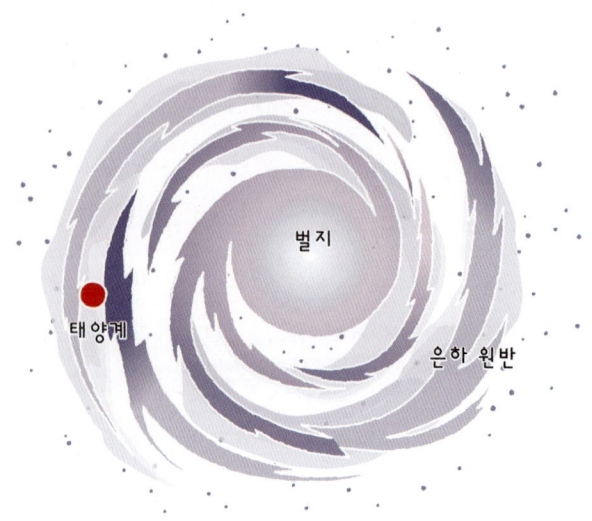

옆에서 본 우리은하(상상도)

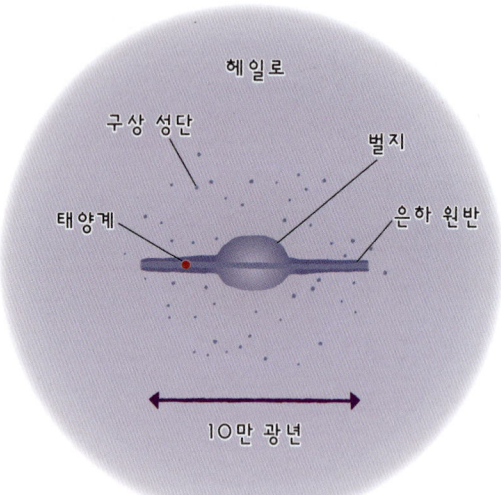

단인 구상 성단과 희박한 고온 가스가 있어요. 그리고 '암흑물질(다크 매터)'이라는 정체불명의 '눈에 보이지 않는 물질'이 굉장히 많이 존재하지요. 암흑물질에 대해서는 175쪽에서 자세히 소개할게요.

: 우리은하의 정확한 모양을 어떻게 알 수 있어요? :

우리은하 안에 있는 우리가 '밖'에서 바라본 우리은하의 전체 모양을 파악하기는 실은 상당히 어렵습니다. 우리은하의 정확한 모습을 알려면 은하 안의 수많은 별까지의 거리를 정밀하게 재서 올바른 '우리은하 지도'를 만들어야 하지요.

그러한 지도를 만들려는 노력 중 하나가 일본 국립천문대에서 진행되는 VERA 프로젝트예요. VERA는 일본의 4개 장소(이와테 현 오슈 시, 가고시마 현 사쓰마센다이 시, 도쿄 도 오가사와라 촌, 오키나와 현 이시가키 시)에 설치된 지름 20미터의 전파망원경으로 이루어진 장치(전파간섭계)를 말해요.

이 프로젝트에서는 여러 대의 전파망원경을 멀리 떨어뜨려 설치하여 동시에 관측해요. 그러면 지름 약 2,300킬로미터, 즉 일본 열도 크기의 구경인 초거대 전파망원경과 같은 성능을 발휘할 수 있지요. 이 망원경들로 별까지의 거리를 정밀하게 재서 우리은하의 입체 구조를 조사하는 프로젝트랍니다.

앞서 태양이 우리은하 중심에서 약 2만 6,100광년 떨어진 곳에 있다고 했지요? 이는 2012년 10월에 발표된 VERA의 연구성과예요. 원래 태양은 우리은하 중심에서 2만 8,000광년쯤에 있다고 알려져 있었어요. VERA 등으로 정밀하게 측정한 결과 우리은하의 더 정확한 모습이 밝혀졌지요. 한국천문연구원은 2018년 한국과 일본 중국의 21개 망원경을 연결한 수천 킬로미터 크기의 '동아시아 VLBI 네트워크(EAVN: East Asian VLBI Network)'를 본격적으로 가동할 예정이라고 밝힌 바 있습니다. 또한 남아공과 호주 등 남반구 국가 사막 지역 일대에 건설 중인 SKA(Square kilometer array)에도 대한민국의 천문학자들이 참여하고 있어요. 제곱 킬로미터 전파망원경 배열이라는 뜻을 가진 이 망원경을 활용하면 거대한 단일 안테나 망원경의 효과를 얻을 수 있습니다.

속속 발견되는 제2의 지구

우리은하에는 지구와 닮은 행성이 존재하나요?

: 다른 항성의 주위에도 행성이 있을까? :

우리가 사는 지구는 태양 주위를 도는 행성이에요. 태양계에는 지구를 포함한 8개의 행성이 존재하지요. 그러면 우리은하 안의 다른 항성에는 과연 행성이 있을까요?

밤하늘에 빛나는 무수한 항성 주위에도 태양계처럼 행성이 돌 것이라고 천문학자들은 생각했습니다. 그러나 항성보다 훨씬 어두운 행성을 눈부신 항성 곁에서 발견하는 일은 현대의 고성능 망원경으로도 매우 어려웠지요.

태양계 밖에 있는 행성을 외계 행성이라고 해요. 20세기 중반부터 많은 천문학자가 외계 행성을 찾았는데, 그리 많이 발견되지는 않았어요.

그러다가 1995년에 스위스 천문학자들이 드디어 외계 행성을 발견했어요. 그 행성은 페가수스자리에서 발견되었지요. 목성의 절반 정도 질량에 중심 별의 바로 근처를 4일 주기로 공전하고 있었어요. 중심 항성을 'a'라고 하면 행성의 이름은 발견된 순서대로 'b, c, d'의 알파벳을 붙여요. '페가수스자리 51번 별'이라는 중심 별 주위에 발견된 최초의 행성이므로 '페가수스자리 51번 별 b'라고 불린답니다.

질량이 목성의 절반이나 되는 행성이 중심 별 옆을 단지 4일 주기로 공전하고 있다는 사실에 전 세계의 천문학자들이 놀랐습니다. 목성만큼 거대한 행성은 중심 별에서 멀리 떨어진 곳을 10년 이상의 주기로 공전할 것이라고 생각되었기 때문이에요. 외계 행성을 찾던 천문학자들은 당황해서 예전의 관측 데이터를 검토했어요. 그러자 며칠에서 몇백 일이라는 짧은 기간에 공전하는 거대 행성의 존재를 나타내는 증거가 속속 드러났지요.

이렇게 해서 단숨에 수많은 외계 행성이 발견되었어요. 2022년 3월 시점에 발견된 외계 행성의 수는 이미 5,000개를 넘어섰어요. 유력한 후보까지 포함하면 수천 개도 넘을 것이라고 해요.

: 외계 행성을 어떻게 발견할까? :

지금까지 발견된 외계 행성은 주로 2가지 방법으로 발견되었어요. 첫 번째는 중심 별의 움직임을 조사하는 방법으로 '도플러 법' 또는

'시선속도법'이라고 합니다. 행성이 중심 별의 주위를 돌면 중심 별은 행성의 중력에 이끌려 위치가 조금 바뀌어요. 그 모습을 보고 주변에 있을지도 모르는 행성을 관찰하는 것이죠.

다른 하나는 행성이 중심 별의 앞쪽을 지날 때, 행성의 그림자 때문에 중심 별이 조금씩 어두워지는 모습에서 행성의 존재를 알 수 있습니다. 이 방법은 '트랜짓 법' 또는 '별표면 통과 방법'이라고 해요.

이 두 방법은 중심 별을 관측해 주위 외계 행성의 존재를 간접적으로 알아 내는 방법이에요. 최근 천문학자들은 외계 행성의 빛을 직접 파악하려고 시도하고 있어요.

: 지구형 행성이 우리은하에 1,000억 개나 있다고? :

외계 행성 중에는 태양계 행성과 매우 다른 모습의 행성이 많이 있어요. 예를 들면 최초로 발견된 '페가수스자리 51번 별 b'처럼 중심 별의 바로 옆을 도는 목성 같은 거대 가스 행성은 '핫 주피터'라는 애칭으로 불려요. 태양계의 목성은 차가운 가스 행성이지만 핫 주피터는 중심 별에서 매우 가까워 표면 온도가 섭씨 1,000도 이상이나 된다고 합니다. 또 혜성처럼 매우 심한 타원(eccentric) 궤도를 도는 가스 행성도 발견되었지요.

처음에는 이러한 '이상한 모습의 행성'이 많이 발견되어 학자들은 태양계 행성이 오히려 드문 존재가 아닐까 하고 생각했어요. 그러나 생소한 행성이 많이 발견된 이유는 그 행성들이 발견되기 쉽기 때문이었어요. 중심 별 가까운 곳을 짧은 주기로 공전하는 거대 행성은 중심 별을 크게 움직이게 하지요. 또 중심 별 앞을 지날 때 커다란 그림자를 만들므로 쉽게 눈에 띄고요.

발견되는 외계 행성 수가 늘어나자 비교적 작은 행성, 즉 지구 정도 크기의 행성도 발견되고 있어요. 학자들은 앞으로 이러한 지구형 외계 행성에 생명이 존재하는지 알기 위해 행성의 대기 성분 등을 조사할 계획이라고 해요.

아마 우리은하에서 지구는 어디서나 볼 수 있는 흔한 행성일 거예요. 지구를 닮은 행성은 우리은하에 1,000억 개도 넘을 것이라고 생각하는 천문학자도 있답니다. 지구형 외계 행성이 많이 있다면 그중에 생명이 탄생하고, 또 지적 생명으로 진화를 이룬 행성도 많지 않을까요?

은하가 흩어진 광대한 우주의 모습

은하가 다른 은하와 충돌할 수도 있나요?

: 우리은하 주위에는 어떤 은하가 있을까? :

드디어 우리은하를 벗어나 광대한 우주 전체의 모습을 보러 갑시다.

별이 모여 은하를 만들듯이 은하끼리도 집단을 만들어요. 은하가 수십 개 정도 모인 집단을 은하군, 100개 이상 모인 집단을 은하단이라고 해요.

우리은하의 바로 옆에는 대마젤란운과 소마젤란운이라는 2개의 작은 은하가 보입니다. 지름은 대마젤란운이 2.5만~3만 광년, 소마젤란운이 1만~1.5만 광년이고 지구로부터 약 16만 광년과 20만 광년 떨어져 있어요.

국부 은하군의 친구들

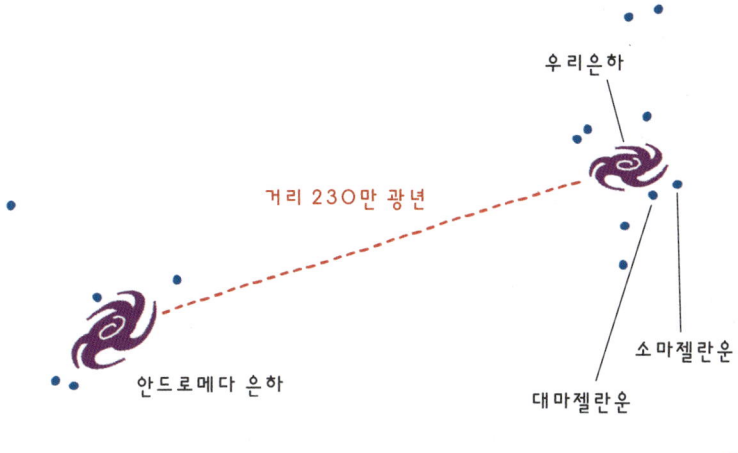

이 두 은하는 남반구에서는 잘 보이지만 북반구인 한국에서는 보기 어려워요. 16세기 포르투갈 탐험가 페르디난드 마젤란(1480~1521)이 세계를 항해할 때 기록했다고 해서 마젤란이라는 이름이 붙었지요.

마젤란 '운(雲)'이라고 불리는 이유는 구름처럼 보이기 때문인데 우리은하 안의 성운(가스 구름)이 아니라 우리은하 밖에 있는 다른 은하랍니다. 또 우리은하처럼 소용돌이 모양이 아니라 마치 어렴풋한 구름 같은 모양이에요.

또 지구에서 약 230만 광년의 거리에 소용돌이 모양의 거대한 안드로메다 은하가 있습니다. 안드로메다 은하의 지름과 항성 수는 우리은하의 2배 이상일 것이라고 해요.

우리은하의 중심에는 거대한 블랙홀이 있어요. 안드로메다 은하 중심에도 크고 작은 2개의 초거대 블랙홀이 존재한답니다. 그래서 안드로메다 은하는 예전에 2개의 은하가 합쳐져서 거대한 은하로 재탄생했다고 여겨져요.

우리은하와 대소 마젤란운, 그리고 안드로메다 은하를 포함하는 지름 약 600만 광년의 공 모양 영역에 크고 작은 약 40개의 은하가 무리를 짓고 있어요. 이를 국부 은하군이라고 합니다.

: 국부 은하군 안의 은하들이 점점 합쳐진다고? :

은하들은 중력으로 서로를 끌어당기고 있어요. 그래서 우리은하 근처에 있는 대소 2개의 마젤란운은 지금부터 10억 년 후에는 우리은하에 흡수되어 버릴 것이라고 예상됩니다. 그런데 미국이 쏘아 올린 허블 우주망원경이 마젤란운의 속도를 정확히 측정하자, 그전까지 생각되었던 속도보다 2배나 빠르다는 사실이 2007년에 알려졌어요. 그 속도가 맞다면 마젤란운은 반대로 우리은하의 중력을 뿌리치고 10억 년 후에는 먼 곳으로 떠날 가능성이 있답니다.

또한 30억 년 후에는 우리은하와 안드로메다 은하가 충돌한다고 해요. 현재 두 은하는 서로의 중력 때문에 초속 약 300킬로미터라는 어마어마한 속도로 가까워지고 있어요.

지금은 230만 광년 떨어져 있지만 가까워질수록 속도가 빨라져 30억 년 후에는 충돌, 혹은 충돌 직전까지 대접근할 운명에 있답니다.

단, 충돌 혹은 대접근한 우리은하와 안드로메다 은하는 갑자기 합체해 버리지는 않을 거예요. 시뮬레이션에 의하면 두 은하는 서로의 주위를 2~3회 돌면서 수십억 년 정도에 걸쳐 천천히 섞여 가요. 은하의 나선 모양 구조는 없어지고 마침내 타원 형태의 거대한 타원은하가 탄생합니다.

이 새로운 은하를 '밀코메다'라고 부르는 사람도 있습니다. 은하수(밀키웨이)와 안드로메다를 조합한 이름이지요. 또 두 은하의 중심부에 있던 블랙홀도 서로의 주위를 돌며 거리를 좁혀 가다 수십억 년에서 수백억 년에 걸쳐 하나의 블랙홀로 합쳐지리라고 예상한답니다.

: 우리은하와 안드로메다 은하가 합쳐지면 지구는 어떻게 될까? :

그러면 우리은하와 안드로메다 은하가 충돌, 합체할 때 태양계는 어떻게 될까요? 학자들은 여러 예상을 하는데 충돌할 때의 충격으로 튀어 날아간 태양계는 새로 생기는 은하의 중심에서 10만 광년 떨어진 곳으로 옮겨질 것이라는 설이 있습니다.

현재 태양계는 우리은하의 중심에서 약 2만 6,100광년 떨어진 '은하의 변두리'에 위치하고 있어요. 이에 비하면 은하 중심부에서 10만 광년은 새로운 은하가 엄청나게 거대하다고 해도 상당한 '변경'으로 날아가는 것이 되겠지요.

또 은하끼리의 충돌에 의한 영향은 태양계 내부에는 미치지 않는다고 해요. 즉, 태양계가 뿔뿔이 흩어지지 않고 통째로 날아간다는 말이에요.
 따라서 우리 후손들은 안심하고 우리은하와 안드로메다 은하 충돌이라는 화려한 우주 쇼를 볼 수 있겠지요.

우주의 거대 구조

우주는
도대체 얼마나 큰 걸까요?

: 은하단보다 더 큰 별 집단이 있다니! :

우리은하를 포함한 국부 은하군을 떠나 더 먼 우주의 모습을 볼까요? 국부 은하군에서 수천만 광년 멀리 떨어진 곳에 1,000개 이상의 은하가 모인 은하단이 있습니다. 지구에서는 처녀자리 방향에서 보이므로 처녀자리 은하단이라고 불러요. 또 지구에서 보아 머리털자리 방향에는 수천 개의 은하가 모인 머리털자리 은하단이 있답니다.

또 은하단은 단순히 은하가 모여 생긴 것이 아니에요. 은하단 내부는 수소 등으로 이루어졌고 1,000만 도가 넘는 초고온의 가스(**전리된 플라스마** 가스)가 대량으로 존재하지요.

그에 더해 은하단에는 눈에 보이지 않는 암흑물질(175쪽)도 많이 있답니다. 은하단 질량의 대부분은 플라스마 가스와 암흑물질이 차지해요.

그런데 은하단이 끝이 아니에요. 우주에는 은하단보다 더 큰 집단도 존재한답니다. 우주 전체를 관측했더니 많은 은하단과 은하군이 1억 광년 이상의 거리에 걸쳐 늘어서 있다는 사실을 알게 되었죠. 이를 초은하단이라고 해요. 국부 은하군은 처녀자리 은하단을 중심으로 1만 개 이상의 은하가 존재하는 처녀자리 초은하단의 외곽에 위치합니다.

> **전리**
> 원자나 분자가 플러스 또는 마이너스로 전기를 띠어 이온이 되는 현상이에요.

> **플라스마**
> 일부 또는 전체가 전리되어 있어 전류가 잘 흐르는 기체를 말해요. 고체, 액체, 기체와 구별되는 물질의 또 다른 상태랍니다.

: 우주에는 '거품' 같은 구조가 있다? :

그런데 우주에는 초은하단처럼 은하가 만 개 이상이나 밀집해 존재하는 부분이 있는 반면 수억 광년이나 걸쳐 은하가 거의 존재하지 않는 영역도 있습니다. 이러한 공백 영역을 '보이드(혹은 거대 공동이라고 해요. 텅 비었다는 뜻이에요.)'라고 해요.

1980년대부터 우주 전체에 은하가 어떻게 분포하는지 조사하는 '우주 지도 만들기' 연구가 진행되었어요. 그 결과 은하는 '거품을 일으킨 비눗물' 같은 모양으로 늘어서 있다는 사실이 알려졌지요.

우주 거대 구조

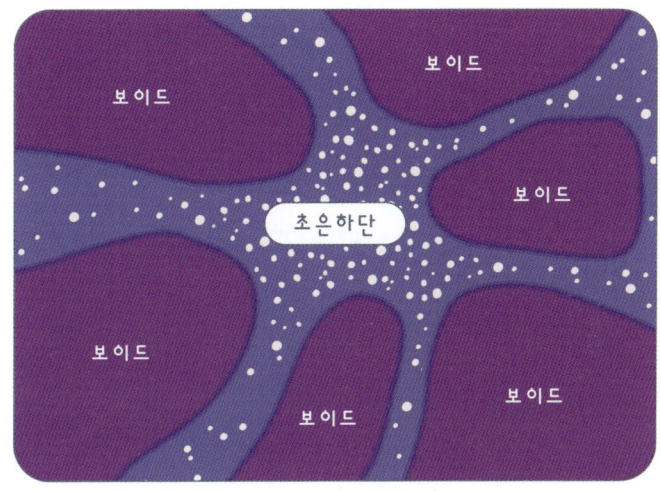

얇은 비눗물을 컵에 조금 담아 빨대로 숨을 불어넣어 볼까요? 그러면 컵 안에 많은 거품이 생겨 겹쳐져요. 우주에서는 이 거품의 '막'에 해당하는 부분에 은하가 존재하고 있답니다. 그리고 거품 몇 개가 막끼리 접하고 있는 부분에 은하가 밀집한 은하단과 초은하단이 있고요. 한편 거품의 안쪽 공기 부분이 은하가 거의 없는 보이드에 해당하지요.

이러한 거품 모양 구조를 우주 거대 구조라고 해요. 이 이상 큰 구조는 우주에서 발견할 수 없으므로 이것이 우주 최대의 구조라고 생각됩니다.

우주 팽창과 고무풍선의 관계

우주가 점점 부풀고 있다는데 왜 우리는 느끼지 못해요?

: 우주의 팽창과 풍선 실험 :

여러분이 우주선으로 우리은하를 포함한 국부 은하군을 벗어나 처녀자리 은하단 사이 중간 지점까지 왔다고 해 볼까요? 그곳에서 우주선을 멈추고 우리은하를 관측해요. 그러자 우주선은 멈춰 있는데도 우리은하는 빠른 속도로 멀어지는 듯이 보일 거예요.

우리은하뿐만이 아니에요. 안드로메다 은하 같은 국부 은하군의 모든 은하, 그리고 처녀자리 은하단의 모든 은하도 마찬가지예요. 즉, 우주선에서 보이는 모든 은하가 아주 빠르게 멀어지는 모습이 관측될 거예요. 우주선은 완전히 정지해 있는데도 말이지요. 도대체 왜 이런 일이 일어나는 걸까요?

그 이유를 알기 위해 간단한 실험을 해 봅시다. 일단 고무 풍선을 하나 준비해 주세요. 풍선 위에 A라는 한 점을 표시하고 A 주위에 서너 개의 다른 점들을 그려요. 그리고 고무 풍선에 바람을 불어 넣어 봅시다. 이때 점 A에서 보면 다른 모든 점들이 A로부터 멀어지는 듯이 보일 거예요(169쪽 그림 참조).

이 풍선 실험에서 아까 말한 '멈춰 있는 우주선에서는 모든 은하가 멀어져 보인다.'는 현상의 의미를 알 수 있어요. 이는 은하 자신이 움직여서 멀어지는 게 아니라 은하가 존재하는 우주 공간 그 자체가 팽창하는 일을 의미해요. 즉, 우주는 점점 팽창하고 있답니다.

우리는 왜 우주 팽창을 느끼지 못할까?

우주의 팽창이 발견된 때는 1930년대였어요. 미국 천문학자 에드윈 허블(1889~1953)은 멀리 떨어진 은하까지의 거리와 그 후퇴 속도의 관계를 연구했어요. 그 결과 '먼 은하일수록 빠른 속도로 벌어진다.'는 사실을 발견했지요. 최근 국제천문연맹은 허블보다 먼저 팽창우주 모델을 제창한 조르주 르메트르(1894~1966)의 업적을 인정해 이 사실을 '허블-르메트르의 법칙'이라고 이름 붙였습니다. 고무 풍선을 불었을 때 멀리 있는 표시일수록 많이(즉, 멀리) 멀어져요. 허블-르메트르의 법칙은 우주가 팽창하고 있다는 사실을 알려 주지요.

우주 공간이 팽창하면 우주 안에 있는 물체 사이의 거리는 벌어집니다. 그러나 우주 안의 모든 거리가 벌어지지는 않아요. 예를 들면 우리의 몸과 지구를 구성하는 물질은 중력과 전자기력(전기와 자기의 힘) 등에 의해 강하게 묶여 있어요. 그래서 우주가 팽창한다고 해서 같이 늘어나지는 않아요. 또 지구는 태양의 중력에 강하게 끌리고 있어서 지구에서 태양까지의 거리가 우주 팽창으로 멀어지지도 않고요. 항성 사이의 거리도 우주 팽창의 영향을 받지 않아요.

우주 팽창에 의해 서로의 거리가 멀어지는 것은 은하단 정도 되는 아주 머나먼 거리의 이야기예요. 하나의 은하단에 속하는 은하끼리는 중력의 영향이 우주 팽창의 영향보다 더 커요. 그런데 은하단과 은하단 사이가 되면 우주 팽창의 영향이 강해져요. 그래서 어느 은하단에 속하는 은하와 다른 은하단에 속한 은하는 우주 팽창에 의해 점차 멀어지지요.

우리가 사는 우주 공간이 넓어진다니 정말 이상하지요? 우리가 사는 가까운 세계에서는 우주 팽창의 영향, 즉 서로의 거리가 멀어져 가는 모습을 전혀 느끼지 못해요. 그게 바로 이상하게 느껴지는 이유지요. 은하단 사이라는 수천만 광년 이상의 범위로 우주를 관측했을 때 비로소 우주가 팽창한다는 사실을 깨닫게 된답니다.

허블-르메트르의 법칙

풍선에 점 A와 다른 은하들을 표시해요.

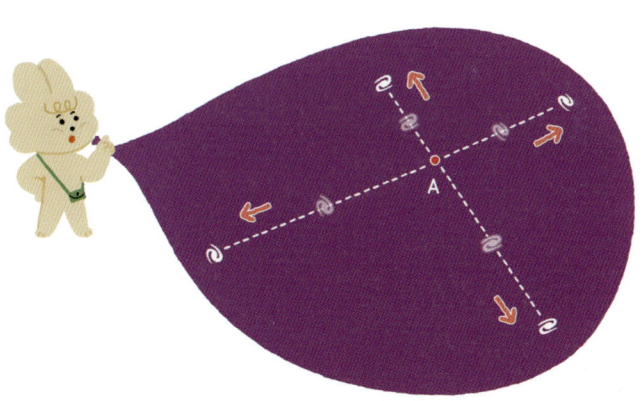

풍선을 불면 모든 은하가 점 A에서 멀어지듯이 움직여요.

아주 작은 불덩어리에서 시작된 우주

우주는
어떻게 태어났어요?

: 우주의 역사를 과거로 거슬러 올라가면? :

현재의 우주가 팽창하고 있다는 것을 알게 되면 이런 의문이 생기겠지요. "그럼 옛날 우주는 지금보다 훨씬 작았나요?" 정답은 '그렇다'입니다.

20세기 초까지 천문학자들은 우주의 크기는 무한의 과거에서 무한의 미래까지 일정하다고 생각했어요. 그러나 허블과 르메트르에 의해 우주가 팽창하고 있다는 사실이 발견되자 그전까지의 전통적인 우주관은 바뀌지 않을 수 없었지요. 우주는 크기가 변할 뿐 아니라 과거로 거슬러 올라가면 점점 작아져 간답니다.

과거의 우주가 작다면 은하끼리도 훨씬 가까이에 존재했다는 말이 되겠죠. 더욱 과거로 올라가면 은하끼리는 서로 겹쳐져 있었어요. 더 더 과거로 돌아가면 우주는 점점 작아져 모든 은하는 그 작디작은 우주에 한 덩어리로 뭉쳐져 간답니다.

일반적으로 물질은 좁은 공간에 밀어 넣어지면 온도가 올라가요. 과거의 우주에서도 같다고 할 수 있지요. 그러니까 과거로 올라갈수록 우주는 온도가 높아져요.

우주는 한없이 작아지고 현재 우주에 존재하는 모든 물질 에너지는 그 작은 우주에 밀어 넣어져 온도와 밀도가 끝없이 높아집니다. 이것이 바로 우주 시작의 '알'이에요. 우주의 팽창 속도 등 여러 관측 데이터를 근거로 우주가 '거의 한 점'까지 작아지는 것은 지금부터 약 138억 년 전의 일이었다고 생각되고 있어요.

즉, 우주는 지금부터 대략 138억 년 전에 초고온, 초고밀도인 아주 작은 '불덩어리'로 태어났습니다. 그 불덩어리 우주가 팽창하면 온도와 밀도가 떨어져요. 그리고 최종적으로 현재와 같은 광대하고 차가운 우주가 된 것이죠.

우리 우주의 생성을 이렇게 설명하는 이론을 빅뱅 우주론(혹은 대폭발 우주론)이라고 합니다. 우주는 초고온, 초고밀도의 알에서 폭발적으로 시작되었다고 주장하는 이론이랍니다.

: 우주의 역사는 무려 138억 년! :

현대 과학이 밝혀낸 우리 우주의 역사를 더 자세하게 알아봅시다.

실은 우주 '시작'의 자세한 모습은 아직 잘 몰라요. 우주는 아무것도 없는 상태, 즉 '무(無)'에서 갑자기 태어났다는 가설이 있는데 정확한 것은 아무도 모르지요.

대략 138억 년 전에 갑자기 태어난 작은 우주는 다음 순간으로 진행할수록 상금이 두 배로 늘어나는 게임처럼 급격히 팽창했어요. 이를 인플레이션 팽창(급팽창)이라고 해요. 태어난 직후의 우주는 현미경으로도 보이지 않는 아주아주 작은 존재였어요. 이 급팽창에 의해 눈에 보이는 크기(여러 설이 있지만 수십 센티미터 정도)까지 한 순간에 커졌다고 합니다.

급팽창이 끝난 초고온의 소우주는 그 후에는 느리게 팽창해요. 우주가 탄생하고 1만분의 1초 후에는 **양성자**와 중성자가 생겨나고, 3분 후에는 양성자와 중성자가 결합하여 중수소와 헬륨 등 가벼운 원소의 원자핵이 생겨나지요. 이때 우주의 온도는 100억 도에서 1,000만 도 정도예요.

더 시간이 흘러 38만 년 정도 되면 팽창이 계속된 우주의 크기는 현재의 1,000분의 1 정도가 되고 온도는 약 3,000도로 떨어졌어요. 그러자 그때까지 우주 속을 자유롭게 날아다니던 전자가 원자핵에 이끌려 원자를 만들어요. 이에 따라 그전까지 우주 공간을 날아다닌 전자에 진로를 방해받았던 빛이 똑바로 나아갈 수 있게 되지요. 이 현상을 구름에 덮여 있던 하늘이 개어 햇빛이 지상에 쏟아지는 상태에 빗대어 '우주의 맑게 갬'이라고 한답니다.

> **양성자**
> 중성자와 함께 원자핵의 구성 요소가 되는 소립자예요.

그 후, 우주에서는 수소를 주성분으로 한 엷은 가스가 중력으로 뭉쳐져 점차 밀도와 온도가 높아져 가요. 온도가 1,000만 도 정도가

우주 138억 년의 역사

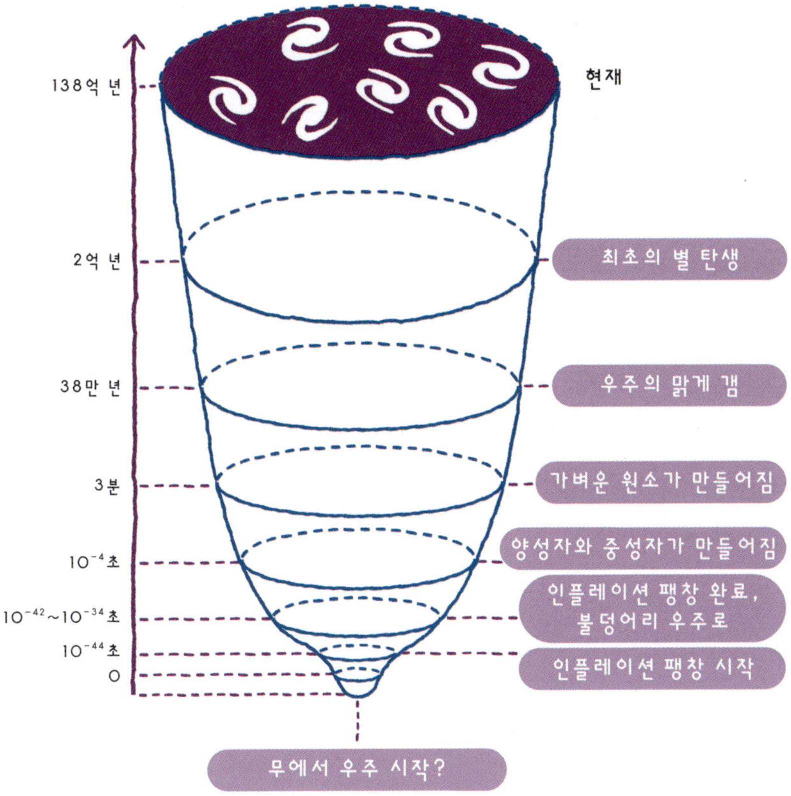

- 138억 년 — 현재
- 2억 년 — 최초의 별 탄생
- 38만 년 — 우주의 맑게 갬
- 3분 — 가벼운 원소가 만들어짐
- 10^{-4}초 — 양성자와 중성자가 만들어짐
- $10^{-42} \sim 10^{-34}$초 — 인플레이션 팽창 완료, 불덩어리 우주로
- 10^{-44}초 — 인플레이션 팽창 시작
- 0 — 무에서 우주 시작?

우주 역사는 진짜로 오래되었네!

되면 핵융합 반응이 일어나 항성이 탄생합니다.

  최초의 별은 우주가 탄생하고 약 2억 년 후에 태어났다고 해요. 태양계가 태어난 때가 지금부터 약 46억 년 전, 지구상에 원시 생명이 태어난 때가 약 40억 년 전이지요. 생명은 긴 시간에 걸쳐 진화해 인류의 선조가 나타났어요. 그리고 그 인류가 과학을 발달시켜 마침내 우주 역사의 줄거리를 그려내는 데 성공했답니다.

우주의 대부분은 두 가지 암흑

우주는 어떤 물질들로 이루어졌어요?

: 우주의 단 5퍼센트밖에 알지 못하다니! :

우주의 한구석에서 태어난 인간의 작은 뇌가 광대한 우주의 역사를 명확하게 밝히다니 이렇게 훌륭한 일이 또 있을까요? 그런데 우주의 수수께끼는 과연 다 풀렸을까요?

그렇지 않습니다. 아까 이야기했다시피 우리들은 우주가 어떻게 생겨났는지 우주 탄생 순간의 모습을 확실히 설명하지 못해요. '무에서의 우주 창조'라는 가설이 있지만 어디까지나 가설일 뿐이죠. 앞으로는 그 이론을 더욱 확실하게 만들어 가는 일이 필요하답니다.

다른 커다란 수수께끼도 있어요. 바로 우주가 무엇으로 이루어져 있는지 거의 알지 못한다는 것이지요. 우주를 구성하는 물질 중 우리가 정체를 알고 있는 물질은 단지 5퍼센트에 지나지 않아요. 나머지 95퍼센트는 정체불명의 물질로 이루어져 있답니다.

: 암흑물질이라는 미스터리 :

은하와 항성, 행성, 성간 가스, 그리고 인간과 모든 생명의 몸은 각종 원소(원자)로 이루어져 있습니다. 원자의 주된 성분인 양성자와 중성자를 '바리온'이라고 해요.

바리온으로 이루어진 물질은 우리에게 매우 친근하고 정체가 잘 알려진 물질이에요. 그러나 우주를 만드는 모든 요소 중에 바리온이 점하는 비율은 단지 5퍼센트에 불과해요. 그 사실은 탐사선을 사용한 우주 관측으로 알게 되었답니다.

나머지 95퍼센트 중, 27퍼센트는 '눈에는 보이지 않지만 주위에 중력을 미치는 물질'이며 이미 몇 번이나 소개했던 암흑물질(다크 매터)입니다. 암흑물질은 빛과 전파를 내지 않으므로 망원경으로 볼 수 없어요. 하지만 나선은하와 은하단 관측으로 은하 주변부와 은하단 내부에 대량의 암흑물질이 존재한다는 사실은 상당히 예전부터 알려져 있었지요.

암흑물질의 정체 중 하나로 생각되는 것은 뉴트랄리노(144쪽의 뉴트리노와 다른 물질)라는 미지의 소립자입니다. 다른 물질과 거의 반응하지 않고 빠져나가 버리는 유령 같은 소립자로, 붙잡기가 매우 어렵다고 해요.

현재 전 세계의 연구기관에서 암흑물질의 정체를 밝히기 위한 연구를 하고 있어요. 한국에서도 2016년부터 기초과학연구원(IBS) 이 강원도 양양에 지하 700미터 실험실을 설치해 암흑물질의 탐색 실험을 시작했답니다. 최근에는 강원도 정선 폐광을 활용해 지하 1,000미터 깊이에서 또 다른 암흑 물질 검출을 위한 실험 시설 건설을 계획하고 있습니다. 암흑물질을 찾는 경쟁은 매우 활발해 가까운 앞날에 정체가 밝혀질 것이라고 기대되고 있어요.

: 우주를 점점 빠르게 팽창시키는 에너지 :

바리온과 암흑물질을 더해도 아직 32퍼센트밖에 되지 않아요. 남은 68퍼센트는 중력과 반대의 '반발력'을 미치는 수수께끼의 에너지라고 생각되어 이름도 암흑 에너지(다크 에너지)라고 합니다. 그러나 그 정체는 전혀 알지 못해요.

암흑 에너지의 존재가 명확해진 때는 겨우 22년 정도 전인 1998년이에요. 미국과 오스트레일리아의 두 연구팀이 먼 곳의 은하를 관측하여 과거 우주 팽창의 속도를 연구했어요. 그러자 우주 팽창의 속도가 점점 빨라지고 있다는 사실이 밝혀졌지요.

그전까지 사람들은 우주의 팽창 속도는 우주 내부에 있는 물질의 중력에 의해 점점 느려진다고 생각했어요. 우주의 팽창 속도가 빨라진다는 말은 사과를 위로 던지면 보통은 아래로 떨어질 사과의 속도가 빨라지며 점점 상승하는 상태와 같아요. 있을 수 없는 일이 우주에서 일어나는 것이죠. 그리고 그것을 일으키는 정체불명의

― 우주를 이루는 물질 ―

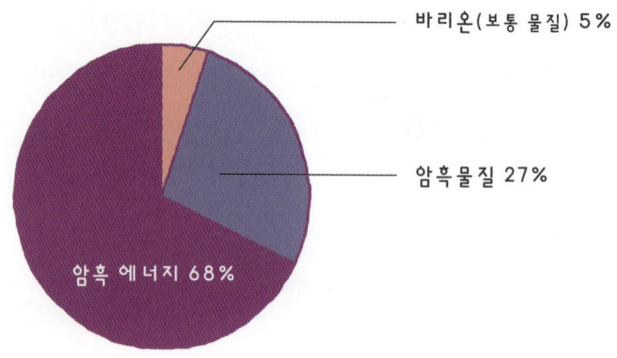

범인이 암흑 에너지랍니다.

현재 암흑 에너지 연구자들은 과거의 우주 팽창 속도를 더 자세히 연구해 암흑 에너지가 시간과 함께 어떻게 변하는지 해명하려 하고 있어요. 연구 결과를 돌파구로 암흑 에너지의 성질을 자세히 이해해 정체를 밝혀 간다는 작전입니다.

우리가 우주의 단 5퍼센트만 알고 있다고 말하면 여러분은 충격을 받을지도 모르겠네요. 그러나 과학자들에게는 매우 가치 있는 일이에요. 우주에는 수많은 수수께끼가 있어서 우리가 풀어 주기를 기다리고 있으니까요. 암흑물질과 암흑 에너지의 수수께끼를 풀면 우리는 우주의 진짜 모습을 더 깊이 이해할 수 있게 되겠지요.

유니버스에서 멀티버스로

우주의 바깥에는 무엇이 있어요?

: 우리 우주는 얇은 막이었다? :

이따금 어린이 친구들에게 "우주의 끝은 어떻게 생겼어요?", "우주 밖에는 뭐가 있어요?"라는 질문을 받고는 합니다. 이 질문에는 천문학자나 물리학자도 제대로 대답하기 어렵지만 최근에는 이렇게 대답할 수 있을지 모르겠네요.

"우리 우주의 바깥에는 10 혹은 11가지 방향을 가진 공간이 퍼져 있어요."

우리가 살고 있는 공간은 가로, 세로, 높이의 3가지 방향을 가진 3차원 공간이에요. 그러나 최신 물리학에 의하면 공간의 차원은 더 많아서 10차원이나 11차원이라고 해요. 이는 물질을 구성하는 가장 작은 요소가 아주 미세한 '끈'이라고 주장하는 초끈이론에 기반한 주장이에요.

하지만 우리는 3개의 차원만 인식할 수 있지요. 초끈이론에서는 그 이유를 우리가 3차원 속에 '가두어져 있기 때문'이라고 생각한답니다. 만화 주인공은 2차원(평면) 종이 위에 그려졌으므로 2차원 세계에 갇혀 있다고 합니다. 그처럼 우리들은 3차원 공간에 갇혀 있으므로 그 밖에 펼쳐진 고차원(3개보다 많은 차원) 공간을 깨닫지 못한다는 말이죠.

우리가 2차원 종이를 얇다고 생각하는 것처럼 고차원 공간에 사는 존재가 보면 우리가 사는 세계, 즉 이 우주도 '얇은 것'으로 생각할지 몰라요. 이러한 우주관을 브레인 우주론이라고 합니다. 브레인이란 '얇은 막'을 의미하는 멤브레인(membrane)이라는 단어에서 유래했어요.

: 우주는 하나가 아니라 여러 개? :

그런데 10차원이나 11차원 공간이란 도대체 어떤 것일까요? 그것을 상상하는 일은 매우 어렵지만 무리해서 그림을 그려 보면 오른쪽과 같은 느낌이에요. 우리가 인식할 수 없는 차원(여분 차원이라고 합니다.)이 작고 둥글게 휘감긴, 이 이상한 고차원 공간에서 우주 차원이 둥글고 길게 말려서 마치 깔때기처럼 모여들어 우리 우주(막 우주)와 접하고 있어요.

또 고차원 공간에서는 여러 개의 스로트가 나와 다른 막 우주와

브레인 우주론

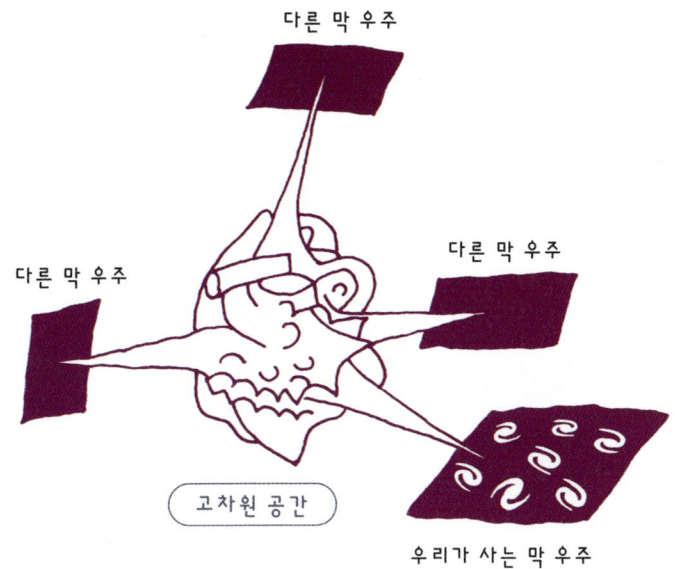

접하고 있지요. 이는 우리가 사는 우주 외에도 다른 우주가 많이 존재한다는 말이에요.

우주를 영어로 '유니버스(universe)'라고 하지요. '유니(uni)'란 '하나의'라는 의미예요. 우주는 하나밖에 없다고 생각되었지만 우주가 많이 있다면 '유니'라는 말을 바꿔야 합니다. 그래서 많은 우주를 의미하는 '멀티버스(multiverse, 다중 우주)'라는 말이 만들어졌어요.

어느 유명한 브레인 우주론 연구자는 멀티버스의 수는 모두 10의

200승 개나 존재한다고 말합니다. 1 뒤에 0이 200개나 붙은 터무니없이 많은 수의 우주가 있다는 말이죠.

또 우주의 시작이라 여겨지는 빅뱅은 우리 우주가 다른 우주와 충돌하여 일어난 일이라고 주장하는 연구자도 있어요. 2개의 우주는 충돌을 영원히 반복한다는 사고방식으로 만약 이 가설이 맞다면 우주에는 시작도 끝도 없다는 말이 됩니다.

이들 가설은 모두 이론적으로 불완전한 가설인데 연구가 더욱 진행되어 우주의 진짜 모습을 이해할 수 있는 날이 오기를 바랍니다.

21세기 천문학과 우주 개발

인류가 언젠가 우주에서 살게 되는 날이 올까요?

: '새로운 눈'으로 보면 우주의 수수께끼가 풀린다! :

마지막으로 21세기 천문학과 우주 탐사의 발전과 전망을 간단하게 소개하겠습니다.

21세기의 천문학이 해결하려 하는 가장 큰 수수께끼를 3가지 꼽는다면 '초기 우주의 수수께끼', '암흑물질과 암흑 에너지의 수수께끼', '우주와 생명의 수수께끼'라고 할 수 있을 거예요. 그리고 이들 질문에 답하기 위해 천문학자들은 최신 하이테크 망원경을 사용해서 연구하고 있답니다.

예를 들면 2013년 3월에 개소식을 한 알마 망원경은 66대의 안테나를 가진 전파망원경입니다. 일본 등 동아시아 각국과 북미, 유럽 각국이 공동으로 남미 칠레 북부의 아타카마 사막 고원에 설치했어요. 우주에서 온 전파(그중에서도 파장이 짧은 밀리파와 서브밀리파)를 관측하지요.

알마 망원경은 우주의 '3가지 탄생 수수께끼'를 해명하리라고 기대되고 있어요. 그것은 '우주 최초의 은하 탄생 수수께끼', '행성계(항성과 그 주위에 생기는 행성) 탄생 수수께끼', '생명 탄생 수수께끼'랍니다. 각각의 자세한 내용은 지면이 모자라 생략하지만 모두 앞서 말한 '21세기 천문학이 해결하려 하는 가장 큰 수수께끼'와 깊은 관계가 있어요.

또 일본의 스바루 망원경을 비롯해서 오스트레일리아와 남아프리카공화국 두 나라에 걸쳐 건설되는 차세대 대형 전파망원경 SKA(스카, 2027년에 관측 개시), 허블 우주망원경의 후계기인 제임스 웹 우주망원경(2021년 발사해 현재 궤도에 안착한 상태입니다. 현재 거울 등 광학 장비를 모두 정렬했고 센서를 준비하는 중입니다. 2022년 여름부터 첫 관측 이미지를 보내올 예정이에요.) 등 우주를 탐색할 '새로운 눈'이 준비되고 있답니다. 대한민국도 미국, 호주, 브라질 등 네 나라와 손잡고 12개 연구기관이 개발한 초거대 지상 광학망원경 '거대 마젤란 망원경(Giant Magellan Telescope)' 건설에 참여했어요. 2025년에 완공된다면 세계 최대 광학 망원경이 될 예정이랍니다.

이들 망원경의 관측 성과로 우주의 수수께끼를 풀고, 동시에 '예상외의 새로운 수수께끼'를 발견해 거기서 또 새로운 연구가 시작되며 우주를 더욱 깊이 이해할 수 있게 되기를 바랍니다.

: 인류는 과연 우주 전체에 퍼질까? :

먼 우주 관측뿐 아니라 태양계 내의 탐사나 개발도 21세기에 아주 많이 발전했습니다.

2013년 12월, 중국의 무인 달 탐사선 '창어 3호'가 달 표면에 착륙했어요. 월면 착륙은 옛 소련의 '루나 24호' 이후 37년 만으로 중국은 옛 소련과 미국에 이어 세 번째로 월면 착륙에 성공했지요. 2019년 1월에는 창어 4호가 세계 최초로 달 뒷면에 착륙했어요..

달에는 앞으로 미국, 러시아, 중국, 인도 그리고 일본 등이 탐사선을 보낼 계획이고 또 민간단체도 달 탐사를 계획하고 있어요. 앞으로 미국의 '아폴로 계획' 이후가 되는 유인 달 탐사, 또 우주비행사가 머물 수 있는 달 기지 건설 등의 계획이 진행될 예정이에요.

화성 유인탐사라는 커다란 프로젝트도 2030년대부터 40년대에는 실현될 것 같아요. 2014년 1월에 미국 워싱턴에서 열린 '국제 우주 탐사 포럼'에서 앞으로 화성 유인탐사를 장기적인 국제협력의 목표로 삼기로 결정했지요. 앞으로 화성 왕복우주선을 만드는 기술적 문제, 오랜 우주 여행으로 인한 승무원의 우주 피폭 문제와 신체적, 심리적 문제 등 해결해야 할 것들이 아직 많이 있어요. 하지만 지구에서 가장 가까울 때 5,600만 킬로미터, 가장 멀 때 4억 킬로미터 떨어진 붉은 행성에 인류가 발 디딜 날이 마침내는 올 것입니다.

미국의 물리학자 프리먼 다이슨(1923~2020)은 인류의 미래를 다음과 같이 예언했습니다. 인류는 100년 후에는 태양계 내에 많은 거주구를 가지고 1,000년에 걸쳐 태양계 내에 가득 차서 넘치며, 10만 년 후에는 우리은하에 가득 찰 것이라고. 그에 더해 이웃인 안드로메다 은하에도 도달해서 수억 년의 스케일로는 우주 전체에 퍼져 나갈 것이라고 했지요.

    어린아이는 조금씩 행동범위를 넓혀 새로운 세계를 알게 되고 자신의 가능성을 넓혀 가지요. 이처럼 우리 인류가 '우주'라는 새로운 세계에 나아가는, 기념할 만한 세기가 21세기가 될지도 모릅니다. "환갑 기념으로 달 여행을 하고 올게요."라든가 "화성에 사는 아들 부부가 내일 손자를 데리고 지구에 돌아온대요."라는 대화가 50년 후에는, 즉 지금의 어린이들이 할아버지, 할머니가 되었을 무렵에는 드물지 않게 될지도 모르지요.

    여러분이 이 책을 읽으면서 우주라는 친구와 더 친해지고 더 깊이 이해할 수 있었기를 바라며 책을 마치고자 합니다.

꿈꾸는 우주
우주는 무엇으로 가득 차 있을까?

ⓒ 사토 가쓰히코

초판 1쇄 발행 2022년 7월 14일
초판 2쇄 발행 2024년 5월 20일

지은이 사토 가쓰히코
옮긴이 최지영
감수 지웅배
펴낸이 박지혜

기획·편집 박지혜 **마케팅** 윤해승, 장동철, 윤두열, 양준철 **경영지원** 황지욱
디자인 강경신   **일러스트레이션** 신나라 nardrawing@gmail.com
제작 영신사

펴낸곳 ㈜멀리깊이
출판등록 2020년 6월 1일 제406-2020-000057호
주소 03997 서울특별시 마포구 월드컵로20길 41-7, 1층
전자우편 murly@humancube.kr
편집 070-4234-3241 **마케팅** 02-2039-9463 **팩스** 02-2039-9460
인스타그램 @murly_books
페이스북 @murlybooks

ISBN 979-11-91439-12-0 73440

- 이 책의 판권은 지은이와 ㈜멀리깊이에 있습니다.
  이 책 내용의 전부 또는 일부를 재사용하려면 반드시 양측의 서면 동의를 받아야 합니다.
- 잘못된 책은 구입하신 서점에서 교환해드립니다.
- ㈜멀리깊이는 ㈜휴먼큐브의 계열사입니다.